Ulrich Heiß (Hrsg.)

Fußballquiz für coole Kicker

W0052706

Ulrich Heiß (Hrsg.)

FUSSBALLQUIZ
FÜR COOLE KICKER

Mit Illustrationen von Stefan Atzenhofer

Ravensburger Buchverlag

Als Ravensburger Taschenbuch Band 53113
erschienen 2010

© 2010 Ravensburger Buchverlag Otto Maier
GmbH

Umschlaggestaltung: Dirk Lieb
unter Verwendung einer Illustration
von Stefan Atzenhofer
Innenillustrationen: Stefan Atzenhofer

Printed in Germany

1 2 3 4 5   14 13 12 11 10

ISBN 978-3-473-53113-4

www.ravensburger.de

INHALT

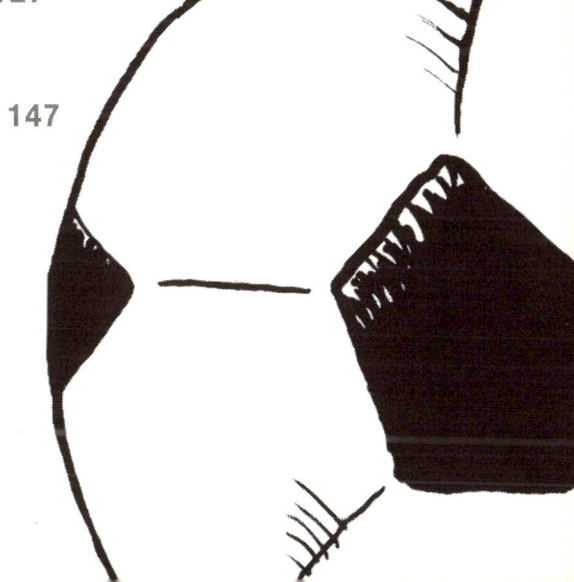

Spieler und Trainer

1

Hauptdarsteller im Kölner Karneval ist das Kölner Dreigestirn, das aus drei Personen besteht: Prinz, Bauer und Jungfrau. Ihren Lieblingsspieler, Lukas Podolski, nennen die Kölner daher

   a) Prinz Poldi.

   b) Bauer Poldi.

   c) Jungfrau Poldi.

2

Welche Rückennummer steht normalerweise für den Spielmacher eine Mannschaft?

   a) 10

   b) 2

   c) 7

3

„Ich habe fertig" sind die letzten Worte einer ziemlich unverständlichen Spielanalyse eines Trainers des FC Bayern München.
Diese Worte sagte

   a) Giuseppe Trapapapa.

   b) Giovanni Trapattoni.

   c) Gianlorenzo Pescatoni.

4

Welcher deutsche Nationalspieler durchlief die
Karrierestationen Preußen Münster – Borussia
Dortmund – Real Madrid?

   a) Christoph Metzelder

   b) Arne Friedrich

   c) Tim Borowski

5

Wer wurde 2001 zum ersten Mal und seitdem mindestens sieben Mal in Folge zur Deutschen Fußballe-
rin des Jahres gewählt?

   a) Iris König

   b) Birgit Prinz

   c) Ingrid Fürst

6

Timo Hildebrand wechselte 2009 zur TSG 1899
Hoffenheim. Vorher spielte er in Spanien für

   a) FC Valencia.

   b) FC Getafe.

   c) FC Barcelona.

7

In welchem Land wurde Lukas Podolski geboren?

   a) Tschechien

   b) Deutschland

   c) Polen

8

Welche Behauptung stimmt? Bastian Schweinsteiger hat

a) eine jüngere Schwester, die in der Frauenmannschaft des FC Bayern spielt.

b) einen älteren Bruder, der auch professionell Fußball spielt.

c) einen Vater, der FIFA-Schiedsrichter ist.

9

Im Viertelfinale der EM 2008 gewann Deutschland gegen Portugal mit 3:2. Portugals Superstar Cristiano Ronaldo wurde von einem deutschen Spieler erfolgreich beschattet. Wer war es?

a) Michael Ballack

b) Arne Friedrich

c) Lukas Podolski

10

Der „Club der Hunderter" ist eine Liste der Spieler, die 100 Länderspiele und mehr absolviert haben. Mit 150 Länderspielen wird die Liste in Europa angeführt vom ehemaligen deutschen Nationalspieler

a) Lothar Matthäus.

b) Gerd Müller.

c) Jürgen Klinsmann.

11

Woran erkennt man den Spielführer einer Mannschaft?

 a) Am Chefschal.

 b) An der Kapitänsbinde.

 c) An der Generalskappe.

12

Kevin Kurányi hat drei Staatsbürgerschaften: deutsch, brasilianisch und die Staatsbürgerschaft von

 a) Paraguay.

 b) Portugal.

 c) Panama.

13

Vor seinem Wechsel 2008 zum FC Bayern München spielte Tim Borowski für

 a) Borussia Dortmund.

 b) Werder Bremen.

 c) Schalke 04.

14

Der Niederländer Louis van Gaal, Trainer des FC Bayern München, war vorher Trainer des niederländischen Vereins

 a) FC Utrecht.

 b) AZ Alkmaar.

 c) PSV Eindhoven.

15

Philipp Lahm wurde zwischen 2003 und 2005 vom
FC Bayern München an einen anderen Bundesliga-
club ausgeliehen, an

    a) VfB Stuttgart.

    b) Karlsruher SC.

    c) Bayer Leverkusen.

16

Fußballstar Diego heißt mit vollem Namen

    a) Diego Robas di Gonzales.

    b) Diego Speedy da Torres.

    c) Diego Ribas da Cunha.

17

Mario Gómez besitzt neben der deutschen Staatsan-
gehörigkeit auch noch die von

    a) Spanien.

    b) Portugal.

    c) Brasilien.

18

Der dreifache Weltfußballer des Jahres und Superstar
Ronaldo spielte in Barcelona, Madrid und Mailand
und wechselte 2009 nach

    a) Belo Horizonte.

    b) Rio de Janeiro.

    c) São Paulo.

19

Was versteht man unter einem Halbprofi?

  a) Einen Profi, der sich nicht voll für seine
     Mannschaft einsetzt.
  b) Einen Fußballspieler, der nebenher noch einen
     anderen Beruf ausübt.
  c) Einen Spieler mit begrenztem Vertrag bis zur
     Mitte der Saison.

20

Der legendäre Torwart Sepp Maier versuchte im
Spiel Bayern gegen Bochum 1976 ein Tier in seinem
Strafraum zu fangen, das dort herumspazierte. Was
war das für ein Tier?

  a) Ein Igel.
  b) Eine Ente.
  c) Ein Dackel.

21

Wenn der Trainer einer Mannschaft zugleich als
Spieler mitmacht, nennt man ihn

  a) Mittrainer.
  b) Aktivtrainer.
  c) Spielertrainer.

22

Wie groß müssen Bundesligaspieler nach den Regeln des DFB mindestens sein, um eine Spielerlaubnis zu erhalten?

a) 165 Zentimeter.

b) 156 Zentimeter.

c) Es gibt keine Mindestgröße.

23

Jürgen Klinsmann machte in seiner Jugend eine Lehre im Betrieb seines Vaters,

a) einem Schuhladen.

b) einer Bäckerei.

c) einer Metzgerei.

24

Superstar Ronaldinho und die brasilianische Nationalmannschaft kamen bei der WM 2006

a) ins Finale gegen Frankreich.

b) nicht einmal ins Achtelfinale.

c) nur bis ins Viertelfinale.

25

Die Spieler der Nationalmannschaft von Kamerun
heißen auch die

a) Unschlagbaren Gazellen.

b) Unbezähmbaren Löwen.

c) Unglaublichen Leoparden.

26

Für verdiente Nationalspieler veranstaltet der Deutsche Fußballbund nach deren Karriereende ein
Abschiedsspiel. Wie viele Spiele für die Nationalmannschaft muss ein Spieler normalerweise für diese
Ehre absolviert haben?

a) 20

b) 50

c) 100

27

Im Finale der WM 2006 in Deutschland wurde der französische Fußballstar Zinédine Zidane mit einer Roten Karte vom Platz gestellt, weil er seinen italienischen Gegenspieler Marco Materazzi zu Fall gebracht hat durch

a) ein gestrecktes Bein.

b) Faustschlag.

c) Kopfstoß.

28

Felix Magath wechselte als Meistertrainer vom VfL Wolfsburg zu

a) Bayer Leverkusen.

b) Hannover 96.

c) Schalke 04.

29

Gerd Müller ist mit 68 Toren der erfolgreichste deutsche Nationalspieler. Den zweiten Platz teilen sich mit jeweils 47 Treffern

a) Uwe Seeler und Lukas Podolski.

b) Miroslav Klose und Karl-Heinz-Rummenigge.

c) Jürgen Klinsmann und Rudi Völler.

30

Mit 150 Länderspielen ist er der Rekordspieler der deutschen Nationalmannschaft:

    a) Lothar Matthäus.
    b) Franz Beckenbauer.
    c) Oliver Kahn.

31

Franck Ribéry zählt zu den größten Spielern seiner Generation, aber nicht zu den längsten. Er misst vom Scheitel bis zur Sohle

    a) 180 Zentimeter.
    b) 170 Zentimeter.
    c) 156 Zentimeter.

32

Der argentinische Fußballstar Maradona heißt mit Vornamen

    a) Diego Armando.
    b) Ronaldo Gonzales.
    c) Fernando José.

33

Der brasilianische Fußballstar Diego spielte von 2006 bis 2009 für

    a) Hertha BSC.
    b) Werder Bremen.
    c) Energie Cottbus.

34

Welchen Spitznamen erwarb sich Otto Rehhagel als Nationaltrainer Griechenlands nach dem Gewinn der Europameisterschaft 2004?

    a) Ottokrates

    b) Rehakles

    c) Ottüsseus

35

Wie heißt der ehemalige französische Weltklassespieler und heutige Fußballfunktionär?

    a) Maurice Messingi

    b) Michel Platini

    c) Mathieu Silberi

36

Der Trainer der niederländischen Nationalmannschaft trägt die Bezeichnung

    a) Smartcoach.

    b) Jamescoach.

    c) Bondscoach.

37

Per Mertesacker behält im eigenen Strafraum meist den Überblick – kein Wunder bei einer Größe von

    a) 185 Zentimeter.

    b) 191 Zentimeter.

    c) 198 Zentimeter.

38

Welcher deutsche Trainer wurde 2008 mit Real
Madrid spanischer Meister und im gleichen Jahr von
Real Madrid als Trainer entlassen?

a) Bernd Schuster

b) Armin Veh

c) Jupp Heynckes

39

Wer war nie deutscher Nationaltrainer?

a) Udo Lattek

b) Berti Vogts

c) Rudi Völler

40

Uwe Seeler war in den Sechzigerjahren des letzten
Jahrhunderts der beliebteste deutsche Fußballspieler.
Er hat den Spitznamen

a) „uns Uwe".

b) „das Uwele".

c) „der Seeli".

41

Welcher ehemalige Spieler und heutige Trainer ließ
sich von seinen Fans gerne als „Super Mario" feiern?

a) Mario Basler

b) Mario Gomez

c) Mario Schwarz

42

**Franz Beckenbauer spielte gegen Ende seiner
Karriere von 1977 bis 1980 und 1983 in den USA für**

   a) Colorado Rapids.

   b) Cosmos New York.

   c) Los Angeles Galaxy.

43

**Andriy Voronin spielt für die Nationalmannschaft
von**

   a) Russland.

   b) Ukraine.

   c) Weißrussland.

44

**Wie heißt der ab 2007 in England für den FC Liver-
pool spielende spanische Weltklassestürmer?**

   a) Fabiano Bulli

   b) Fernando Torres

   c) Fabrizio Paella

45

Bei der WM 1994 wurde Stefan Effenberger im Spiel gegen Südkorea ausgewechselt und verabschiedete sich von den Fans mit einer unschönen Geste. Daraufhin flog „Effe" aus der Nationalmannschaft. Was war passiert?

a) Er zeigte den „Stinkefinger".

b) Er zeigte den „Vogel".

c) Er streckte die Zunge heraus.

46

In welcher italienischen Stadt spielte der argentinische Fußballstar Maradona und wird dort immer noch wie ein Heiliger verehrt?

a) Neapel

b) Genua

c) Turin

47

Der ehemalige Nationalspieler und Teamchef der Nationalmannschaft Rudi Völler hat wegen seiner ungewöhnlichen Frisur den Spitznamen

a) „Oma Kuschel".

b) „Biene Maja".

c) „Tante Käthe".

48

Mit 13 Jahren wanderte er mit seinen Eltern aus
Argentinien nach Spanien aus. Damals schien er mit
140 Zentimetern viel zu klein für einen Fußballprofi.
Auch heute ist er mit 169 Zentimetern kein Riese,
aber auf dem Platz spielt er alle anderen kurz und
klein:

   a) Leonardo Bussi.

   b) Lionel Messi.

   c) Lambado Bossi.

49

Diego Maradona erzielte bei der WM 1986 im Spiel
Argentinien gegen England ein Tor mit der Hand.
Später sagte er, das Tor sei entstanden durch ihn und

   a) die Hand Gottes.

   b) den Zauber des Teufels.

   c) die Hilfe eines Engels.

50

Viele ehemalige Fußballstars schreiben nach ihrer aktiven Zeit Bücher über ihr Leben als Fußballspieler. Auch Günther Netzer hat ein solches Buch geschrieben. Das Buch hat den Titel

a) Auf den Höhen der Berge.

b) In den Tiefen des Meeres.

c) Aus der Tiefe des Raumes.

51

Stanley Matthews hieß der erste Fußballspieler, der in England zum Ritter geschlagen wurde. Nach dieser Zeremonie hieß er offiziell

a) Duke Stanley Matthews.

b) Earl Stanley Matthews.

c) Sir Stanley Matthews.

52

Michael Ballack spielte von 1983 bis 1997 in Chemnitz für den Chemnitzer FC. Bis 1990 hieß dieser allerdings nicht Chemnitzer FC, sondern

a) FC Erich-Honecker-Stadt.

b) FC Ernst-Thälmann-Stadt.

c) FC Karl-Marx-Stadt.

53

Einen Spieler, der für einen ausländischen Verein spielt, nennt man einen

a) Pensionär.

b) Legionär.

c) Funktionär.

54

Franz Beckenbauer wurde in seiner Zeit als aktiver Fußballspieler bei Bayern München und in der deutschen Nationalmannschaft eingesetzt als

a) Stürmer.

b) Torwart.

c) Libero.

55

Michael Ballack, Matthias Sammer oder Thomas Doll haben eins gemeinsam:

a) Sie spielten früher in der DDR-Oberliga.

b) Sie spielten alle mal für Werder Bremen.

c) Sie spielten alle für einen englischen Verein.

56

2009 spielte zum ersten Mal für die deutsche Fuß-ballnationalmannschaft:

a) Cavee.

b) Cacau.

c) Dee.

57

Das einzige Tor im einzigen Länderspiel der DDR
gegen die BRD schoss bei der Weltmeisterschaft
1974 in Hamburg der DDR-Fußballstar

a) Friedrich Sparkasse.

b) Walter Sparbier.

c) Jürgen Sparwasser.

58

Nur ein deutscher Fußballer trägt den Ehrentitel
„Der Kaiser". Welcher?

a) Uwe Seeler

b) Fritz Walter

c) Franz Beckenbauer

59

Nach drei Einsätzen für die deutsche Fußballnatio-
nalmannschaft gab Jermaine Jones von Schalke 04
bekannt, dass er in Zukunft nur noch für eine andere
Nationalmannschaft spielen will. Er besitzt nämlich
neben der deutschen auch noch eine zweite Staatsbürgerschaft, die von

a) Kanada.

b) den USA.

c) Frankreich.

60

Einer der berühmtesten Spieler aus vergangenen Zeiten ist der Brasilianer Edson Arantes do Nascimento. Da dieser Name sehr lang und kompliziert ist, nennt man ihn einfach

a) Filú.

b) Maló.

c) Pelé.

61

Andriy Voronin war 2008/09 der vielleicht beste Spieler von Hertha BSC Berlin. Doch er war nur von einem anderen europäischen Verein ausgeliehen worden und den Berlinern fehlte das Geld für die Ablöse von Voronins Stammverein. Das war der

a) FC Liverpool.

b) FC Barcelona.

c) FC Porto.

62

Als Franck Ribéry 2007 zum FC Bayern München kam, übernahm er die Rückennummer, die bis dahin Mehmet Scholl getragen hatte. Das war die Nummer

a) 5.

b) 7.

c) 9.

63

Für die Erfolge der TSG 1899 Hoffenheim war ab
2007 ein Spieler aus dem Senegal mitverantwortlich,
mit dem ungewöhnlichen Namen

  a) Dumba Bu.

  b) Demba Ba.

  c) Bombu Be.

64

Welche Rückennummer trug Grafite beim VfL
Wolfsburg in der Meistersaison 2008/09?

  a) 9

  b) 11

  c) 23

65

Bundesliga-Torwart Hans-Jörg Butt hält zumindest
einen Rekord. Er hat von allen deutschen Torhütern
bisher

  a) die längste Zeit keine Tor kassiert.

  b) die meisten Tore geschossen.

  c) die meisten Elfmeter gehalten.

66

Torschützenkönig 2009 war Wolfsburgs Meister-
schütze mit dem unaussprechlichen Namen Grafitsch
oder Grafitschi oder Gräffity oder wie auch immer.
Er selbst sagt, man spricht seinen Namen so, wie
man ihn schreibt. Doch wie schreibt man ihn?

   a) Grafitti

   b) Gaphity

   c) Grafite

67

Armin Veh und Bernd Schuster sind beide erfolgreiche Trainer. Was haben sie noch gemeinsam?

   a) Sie waren beide im europäischen Ausland als
      Trainer Landesmeister.

   b) Sie waren als Spieler jeweils zweimal
      Deutscher Meister.

   c) Sie sind beide in Augsburg geboren.

68

Für den AS Rom war er seit 1993 über viele Jahre
der wichtigste und erfolgreichste Spieler:

   a) Paolo Lotti.

   b) Bernardo Bankrotti.

   c) Francesco Totti.

69

2009 traten die beiden Brüder Dieter und
Uli Hoeneß als Manager ihrer Vereine zurück. Uli
war sicher erfolgreicher als Dieter, auch als Spieler.
In der Nationalmannschaft spielte Uli 35-mal und
Dieter nur 6-mal. Wie viele Tore haben beide jeweils
für die Nationalmannschaft geschossen?

  a) Uli 5 und Dieter 4.

  b) Uli 11 und Dieter keins.

  c) Uli 7 und Dieter 2.

70

Wer ist in Gelsenkirchen geboren, dort bei Schalke in
der Jugendmannschaft groß geworden (seit 1991),
war dann Aktiver bei den Profis von Schalke (ab
2005) und ist in allen Jugendnationalmannschaften
bis hin zur Nationalmannschaft eingesetzt worden?

  a) Manuel Neuer

  b) Kevin Kurányi

  c) Jermaine Jones

71

Wann war Oliver Kahns letztes Bundesligaspiel?

  a) Am 17. Mai 2008.

  b) Am 4. Juli 2007.

  c) Am 3. Dezember 2009.

72

Welcher spätere Bundestrainer spielte als Aktiver für Tottenham Hotspur?

    a) Rudi Völler
    b) Berti Vogts
    c) Jürgen Klinsmann

73

Ein ehemaliger französischer Fußballstar ist heute einer der wichtigsten Organisatoren des Weltfußballverbandes. Er heißt Michel

    a) Silberi.
    b) Goldi.
    c) Platini.

74

Bundestrainer Jogi Löw heißt mit richtigem Namen

    a) Johannes Löw.
    b) Josef Löw.
    c) Joachim Löw.

Regeln und Taktik

75

Wer darf beim Anstoß im Mittelkreis sein?

   a) Nur Spieler der anstoßenden Mannschaft.

   b) Nur der Spieler, der den Anstoß ausführt.

   c) Nicht mehr als fünf Spieler der anstoßenden Mannschaft.

76

Foult ein Spieler einen Angreifer kurz vor einer hundertprozentigen Torchance, sagt man, der Spieler habe die „Notbremse gezogen". Welcher Fahrzeugtyp hat eine Notbremse, die man ziehen kann?

   a) Autos

   b) Flugzeuge

   c) Züge

77

Die Gelb-Rote Karte sperrt den Spieler

   a) nur für das laufende Spiel.

   b) für das laufende und fünf weitere Spiele.

   c) für das laufende und das nächste Spiel.

78

Wie lange dauert eine Halbzeit in einem Frauenfußballspiel?

   a) 35 Minuten.

   b) 40 Minuten.

   c) 45 Minuten.

79

Wann spricht man von einem echten Hattrick?

  a) Ein Spieler schießt zwei Tore in einer Halbzeit.

  b) Ein Spieler schießt drei Tore in einer Halbzeit.
     Das Spiel endet 3:0.

  c) Ein Spieler schießt vier Tore, zwei in der ersten
     und zwei in der zweiten Halbzeit.

80

**Dass zwei Spieler ihre Positionen tauschen, ist eine
beliebte Taktik, um den Gegner zu verwirren. Zum
Beispiel könnte ein Verteidiger plötzlich mit in den
Angriff wechseln. Dieses Positionentauschen nennt
man nach einem Begriff aus dem Schachspiel eine**

  a) Blamage.

  b) Roulade.

  c) Rochade.

81

**Welcher Spielzug ist beim Einwurf vom Seitenaus
nicht erlaubt und wird abgepfiffen?**

  a) Der einwerfende Spieler wirft den Ball ganz
     kurz zu einem Mitspieler.

  b) Der einwerfende Spieler wirft den Ball kurz
     ab und spielt ihn direkt mit dem Fuß weiter.

  c) Der einwerfende Spieler wirft den Ball weit
     ab und der Ball landet bei einem gegnerischen
     Spieler.

82

Womit darf ein Spieler den Ball nicht annehmen?

   a) Mit der Brust.

   b) Mit der Sohle.

   c) Mit dem Ellenbogen.

83

Wie groß ist der Umfang eines regulären Fußballs?

   a) Zwischen 45 und 53 Zentimeter.

   b) Zwischen 68 und 70 Zentimeter.

   c) Zwischen 89 und 95 Zentimeter.

84

Ein Spieler wird von seinem Gegenspieler zu Fall gebracht. Trotzdem wird dies nicht als Foul geahndet,

   a) weil der Gegenspieler einige Minuten vorher auch ein Foul begangen hat.

   b) weil der Spieler zuerst den Ball gespielt hat und dann erst die Beine des Gegenspielers getroffen hat.

   c) weil der Schiedsrichter wegen eines anderen Fouls kurz vorher bereits abgepfiffen hatte.

85

Welches Tor ist regelgerecht und wird gezählt?

  a) Ein Spieler wirft mit einem weiten Einwurf den
     Ball direkt ins Tor.

  b) Ein Spieler wirft direkt aufs Tor, der Torwart
     erreicht den Ball noch mit den Fingerspitzen,
     doch der Ball fliegt ins Tor.

  c) Ein Spieler wirft kurz ein, nimmt den Ball selbst
     an und schießt dann ins Tor.

86

**Nach wie vielen Gelben Karten muss ein Spieler das
folgende Spiel aussetzen?**

  a) Nach der dritten.

  b) Nach der fünften.

  c) Nach der zehnten.

87

**Was passiert nach einem fehlerhaft ausgeführten
Einwurf?**

  a) Der Schiedsrichter pfeift ab und die gegnerische
     Mannschaft bekommt nun den Einwurf.

  b) Der Schiedsrichter pfeift ab und der Einwurf
     muss wiederholt werden.

  c) Der Schiedsrichter pfeift ab und zeigt dem
     einwerfenden Spieler die Gelbe Karte.

88

Wo steht der einwerfende Spieler beim Einwurf?

a) Genau auf der Seitenlinie.

b) Mit höchstens einem Fuß auf der Seitenlinie.

c) Außerhalb der Seitenlinie.

89

Wie lange dauert die Verlängerung?

a) Zweimal 30 Minuten.

b) Zweimal 20 Minuten.

c) Zweimal 15 Minuten.

90

Was entscheidet sich in Relegationsspielen?

a) Der Auf- oder Abstieg einer Mannschaft.

b) Die Pokalteilnahme einer Mannschaft.

c) Die Erteilung einer Lizenz an eine Mannschaft.

91

Wann gibt es keine Ecke?

a) Wenn der abwehrende Torwart den Ball ins Aus gelenkt hat.

b) Wenn der Torwart der Angreifer bei einem weiten Abschlag den Ball direkt ins gegenüber liegende Aus befördert.

c) Wenn ein abwehrender Spieler als Letzter den Ball berührt hat, bevor dieser die Torauslinie überquert.

92

Wo stehen die Spieler beim Elfmeter?

    a) Außerhalb des Strafraums.

    b) Außerhalb des Strafraums und des Halbkreises.

    c) Außerhalb des Torraums.

93

Ein reguläres Bundesliga-Spielfeld darf nicht länger sein als

  a) 90 Meter.

  b) 120 Meter.

  c) 140 Meter.

94

Wenn der Ball die Seitenlinie überquert, gibt es

  a) einen Einwurf von der Seitenlinie.

  b) einen Abstoß von der Seitenlinie.

  c) einen Abstoß vom Tor.

95

Wenn ein Spieler mit der Roten Karte vom Platz gestellt wird,

  a) wechselt der Trainer einen Ersatzspieler dafür ein.

  b) spielt die Mannschaft mit einem Spieler weniger weiter.

  c) darf der Spieler nach 15 Minuten wieder eingewechselt werden.

96

Wann gibt es einen Anstoß?

  a) Nur zu Beginn jeder Halbzeit.

  b) Nach einer Roten Karte.

  c) Zu Beginn jeder Halbzeit und nach einem Tor.

97

Der Einwurf von der Seitenlinie wird abgepfiffen, wenn

   a) der Spieler den Ball mit beiden Händen wirft.

   b) der Ball zum Schwungholen hinter den Kopf geführt wird.

   c) der Spieler mit den Zehenspitzen die Seitenlinie berührt.

98

Wo darf ein Torwart keinesfalls angegriffen werden?

   a) In der eigenen Spielhälfte.

   b) Im Torraum.

   c) Im Strafraum.

99

Um weiter werfen zu können, nimmt der Spieler beim Einwurf von der Seitenlinie Anlauf. Was muss er dabei beachten?

   a) Er sollte beim Werfen möglichst hoch in der Luft sein.

   b) Er sollte mit der Wurfhand weit ausholen und dann den Ball nur mit dieser Hand abwerfen.

   c) Er sollte beim Abwurf mit beiden Beinen den Boden berühren.

100

Wie viel wiegt ein regulärer Fußball?

  a) Zwischen 410 und 450 Gramm.

  b) Zwischen 210 und 230 Gramm.

  c) Zwischen 780 und 820 Gramm.

101

Was ist für Spieler verboten?

  a) Während des Spiels die Seitenlinie ins Aus zu überqueren.

  b) Vor dem Anpfiff die Mittellinie in die gegnerische Hälfte zu überqueren.

  c) Während des Spiels die Torauslinie zu überqueren.

102

Was versteht man unter „Forechecking"?

  a) Absichtliches Handspiel.

  b) Frühes Stören des gegnerischen Angriffs.

  c) Herausgehen des Torwarts.

103

Darf ein Fußball im Profifußball heutzutage noch aus Leder bestehen?

  a) Er muss sogar aus Leder bestehen.

  b) Nein, er muss aus Kunststoff sein.

  c) Er darf aus Leder oder einem anderen geeigneten Material sein.

104

Wie viele Spieler muss jede Mannschaft mindestens aufbieten, damit ein Bundesligaspiel überhaupt angepfiffen werden kann?

   a) 7
   b) 9
   c) 11

105

Ein Spieler wird verletzt und muss kurz auf dem Spielfeld behandelt werden. Was macht der Schiedsrichter?

   a) Er bricht das Spiel ab.
   b) Er lässt die verlorene Spielzeit am Ende der Halbzeit nachspielen.
   c) Er zeigt dem verletzten Spieler die Gelbe Karte.

106

Was versteht man bei einem Turnier unter einem Semifinale?

   a) Das Viertelfinale.

   b) Das Halbfinale.

   c) Das Spiel um den dritten Platz.

107

Der Vertrag eines Spielers bei seinem Verein ist abgelaufen. Der Verein will ihn an einen anderen Verein verkaufen und verlangt dafür eine Million als Ablösesumme. Darf er das?

   a) Ja, schließlich stand der Spieler bei ihm unter Vertrag.

   b) Nein, denn der Spieler hat keinen Vertrag mehr mit dem Verein.

   c) Ja, allerdings müssen sich Verein und Spieler die Ablösesumme teilen.

108

Wie oft findet eine Fußball-Weltmeisterschaft statt?

   a) Alle zwei Jahre.

   b) Alle vier Jahre.

   c) Alle sechs Jahre.

109

Wann gibt es keinen Freistoß?

  a) Wenn man von seinem Gegenspieler
      umgestoßen wurde.

  b) Wenn der Gegenspieler den Einwurf falsch
      ausgeführt hat.

  c) Wenn sich der Spieler beim Kampf um
      den Ball auf seinem Gegenspieler aufstützt.

110

Wie wird die Seitenwahl zwischen den beiden Spielführern vor dem Anstoß entschieden?

  a) Die Spieler ziehen Strohhalme.

  b) Der Schiedsrichter wirft eine Münze.

  c) Der ältere Spieler darf die Seite wählen.

111

Wie viele Mannschaften stehen in einem Achtelfinale?

  a) 4

  b) 8

  c) 16

112

Welches Maß an einem Fußballfeld ist nicht exakt vorgeschrieben?

  a) Abstand von Eckfahne zu Eckfahne.

  b) Abstand der Torpfosten an einem Tor.

  c) Abstand Torauslinie zu Strafraumgrenze.

113

Nach den Regeln des DFB sollen Eckefahnen

a) leuchtend gelb sein.

b) knallrot sein.

c) lebhafte Farben haben.

114

Darf nach den aktuellen FIFA-Regeln ein Spieler während des Spiels einen Ohrring tragen?

a) Nein.

b) Ja, er muss ihn jedoch überkleben.

c) Ja, aber nur links.

115

Statt angriffslustig und verteidigend kann man auch sagen

a) objektiv und subjektiv.

b) offensiv und defensiv.

c) konstruktiv und destruktiv.

116

Eine offensive Spielphase, bei der eine Mannschaft ununterbrochen auf das gegnerische Tor anrennt, nennt man auch ein

a) Powerplay.

b) Playforce.

c) Energyplay.

117

Die meisten Streitpunkte unter Spielern und Zuschauern im Fußball bietet das Abseits mit all seinen Regeln und Besonderheiten. Welche einfache Sache sollte die Abseitsregel im Grunde verhindern?

a) Dass sich alle Feldspieler in einer Hälfte des Spielfelds aufhalten.

b) Dass ein Spieler während des Spiels vor dem gegnerischen Tor lauert und darauf wartet, dass er einen Ball zugespielt bekommt.

c) Dass dem Torwart die Sicht auf die angreifenden Gegner verstellt wird.

118

Der Rückpass eines Spielers zum eigenen Torwart wird dann mit indirektem Freistoß bestraft,

a) wenn der Torwart den Rückpass mit dem Fuß weiterspielt.

b) wenn der Torwart den Rückpass mit den Händen aufnimmt.

c) wenn der Rückpass den Torwart verfehlt und der Ball ins Tor rollt.

119

Die Trainer und Betreuer dürfen während des Spiels einen engen Streifen vor der Auswechselbank nicht verlassen. Dieser Bereich heißt Coachingzone oder Technische Zone. Welchen Abstand muss diese Zone zur Seitenauslinie des Spielfeldes einhalten?

a) 30 Zentimeter.

b) 50 Zentimeter.

c) 1 Meter.

120

Was versteht man unter Dribbling?

a) Das nutzlose Herumtrödeln mit dem Ball ohne Raumgewinn.

b) Das Vorantreiben des Balls unter ständiger Ballkontrolle.

c) Das Kurzpassspiel zwischen mehreren Spielern.

121

Ein inoffizielles Punktesystem, das aus dem kanadischen Eishockey übernommen wurde, zählt für jeden Spieler Torpunkte und Vorbereitungspunkte zusammen. Der Beste in dieser Liste ist der

a) Best-Goaler.

b) Top-Scorer.

c) First-Shooter.

122

Ein Spieler darf seinem Gegenspieler den Weg versperren, wenn

a) er sieht, dass es sonst keine andere Möglichkeit gibt, den Gegenspieler zu stoppen.

b) der Ball bereits vorher abgespielt wurde.

c) er dabei den Ball erreicht und spielt.

123

Spielt ein Spieler einen heranfliegenden Ball weiter, ohne dass der Ball vorher den Boden berührt, dann spielt er ihn

a) volley.

b) basket.

c) tennis.

124

Ein Fußballtor ist 7 Meter und 32 Zentimeter lang. Die krumme Zahl ergibt sich aus dem englischen Maß für „Fuß", in dem die Fußballtore ursprünglich gemessen wurden. Ein englischer Fuß misst 30,48 Zentimeter, es ist also ein sehr großer Fuß mit Schuhgröße 48 ½. Wie viele Fuß ist also ein Fußballtor lang?

a) 13

b) 24

c) 17

125

Ein Remis, sprich Remmie, ist ein Ausdruck aus dem Schachspiel und bedeutet das Gleiche wie

a) ein gewonnenes Spiel.

b) ein unentschiedenes Spiel.

c) ein verlorenes Spiel.

126

Wo bewahren die Schiedsrichter während des Spiels gewöhnlich die Gelbe und die Rote Karte auf?

a) Die Gelbe und die Rote in
   der seitlichen Hosentasche.

b) Die Gelbe in der rechten, die Rote
   in der linken Brusttasche.

c) Die Gelbe in der Brusttasche, die Rote
   in der hinteren Hosentasche.

127

An welcher Stelle der Flugbahn trifft der Spieler den Ball bei einem „Dropkick"?

a) Genau dann, wenn der Ball am Boden
   zur Ruhe gekommen ist.

b) Genau wenige Zentimeter, bevor der Ball auf
   dem Boden aufkommt.

c) Genau dann, wenn der Ball auf dem Boden
   aufkommt und gerade wieder abspringt.

128

Wie nennt man eine Reihe von Spielern, die sich bei einem Freistoß dem Schützen in den Weg stellen?

   a) Wand
   b) Riegel
   c) Mauer

129

Den spektakulären Hechtsprung eines Torwarts nach einem fast unerreichbaren Ball nennt man eine

   a) Spartakiade.
   b) Robinsonade.
   c) Bionade.

130

Täuscht ein Spieler im Strafraum ein Foul an, um einen Elfmeter zu schinden, spricht man von einer

   a) Amsel.

   b) Schwalbe.

   c) Drossel.

131

Ein Schiedsrichter pfeift und zeigt auf den Elfmeterpunkt. Die Spieler stürmen auf ihn ein und versuchen ihn von seiner Entscheidung abzubringen. Darf der Schiedsrichter sich umstimmen lassen?

   a) Ja.

   b) Ja, aber er muss sich vorher mit seinem Schiedsrichterassistenten beraten.

   c) Nein.

132

Wie weit müssen beim Freistoß die Gegenspieler vom Ball entfernt sein?

   a) 4 Meter und 20 Zentimeter.

   b) 6 Meter und 70 Zentimeter.

   c) 9 Meter und 15 Zentimeter.

133

Spielt eine Mannschaft mit einer Viererabwehrkette, entfällt die Spielposition des

a) Stürmers.

b) Liberos.

c) Torwarts.

134

Der Spieler leitet im Anspielkreis den Ball mit der Hand an seinen Mitspieler weiter. Der Schiedsrichter pfeift und gibt

a) Elfmeter.

b) Freistoß für die gegnerische Mannschaft.

c) Anstoß vom Anstoßpunkt.

135

Haben zwei Mannschaften in der Bundesliga gleich viele Punkte, entscheidet die Tordifferenz über den Tabellenplatz. Die Tordifferenz einer Mannschaft errechnet man, indem man

a) die Gegentore von den geschossenen Toren abzieht.

b) die geschossenen Tore durch die Anzahl der Gegentore teilt.

c) die Gegentore und die geschossenen Tore zusammenzählt.

136

Nach einem Regelverstoß gibt der Schiedsrichter einen direkten Freistoß im Anstoßkreis. Ein Spieler schießt mit einem Weitschuss direkt ins gegnerische Tor.

a) Das Tor ist ungültig, weil gegnerische Spieler im Anstoßkreis standen.

b) Das Tor ist ungültig, weil kein anderer Spieler den Ball berührt hat.

c) Das Tor ist gültig.

137

Im sogenannten Fünf-Meter-Raum, auch Torraum genannt, ist der Torwart besonders geschützt und darf nicht angegriffen werden. Welchen Abstand hält der Fünf-Meter-Raum zum Tor?

a) 5 Meter.

b) 5 Meter und 50 Zentimeter.

c) 4 Meter und 92 Zentimeter.

138

Nach wie vielen Gelben Karten muss ein Spieler während einer Europameisterschaft für ein Spiel aussetzen?

a) Nach der dritten Gelben Karte.

b) Nach der zweiten Gelben Karte.

c) Nach der fünften Gelben Karte.

139

Schlägt ein Spieler einen Eckball nicht hoch aufs Tor, sondern spielt ihn einem Spieler in seiner Nähe zu, nennt man das eine

 a) kurze Ecke.

 b) schnelle Strecke.

 c) kecke Kurze.

140

Geht ein Angriff über mehrere Stationen mit einem Pass nach dem anderen übers Spielfeld, spricht man von einer

 a) Ballstafette.

 b) Balltapete.

 c) Balladilette.

141

Ein Spieler tippt nach dem Anpfiff den Ball kurz an und schießt dann mit einem Weitschuss den Ball ins gegnerische Tor. Das Tor zählt nicht,

 a) weil aus dem Anstoßkreis kein Tor geschossen werden darf.

 b) weil der Ball nach dem Anstoß zuerst noch von einem zweiten Spieler berührt werden muss, bevor ein Torschuss erfolgen darf.

 c) weil der anstoßende Spieler den Ball nur einmal berühren darf und ihn dabei entweder ins Tor oder an einen anderen Spieler weiterspielen muss.

142

Zwei Linienrichter unterstützen den Schiedsrichter bei einem ordnungsgemäßen Fußballspiel. Offiziell heißen die beiden allerdings nicht mehr Linienrichter, sondern

    a) Schiedsrichterfachberater.

    b) Schiedsrichteraushelfer.

    c) Schiedsrichterassistenten.

143

Womit geht das Spiel nach einem Tor weiter?

    a) Abschlag vom Tor.

    b) Einwurf von der Seite.

    c) Anstoß vom Anstoßpunkt.

144

Einen schnellen Gegenangriff aus der eigenen Verteidigung heraus nennt man einen

    a) Kanter.

    b) Konter.

    c) Kutter.

145

Wann ist es ein gültiges Tor?

   a) Wenn der Ball die Torlinie zur Hälfte
       überquert hat.

   b) Wenn der Ball die Torlinie berührt.

   c) Wenn der Ball die Torlinie vollständig
       überquert hat.

146

**Der Torwart läuft 2 Meter außerhalb des Torraums
auf den angreifenden Spieler zu und wehrt den
Torschuss mit den Händen ab.**

   a) Die Abwehr ist regelgerecht, das Spiel
       läuft weiter.

   b) Der Torwart darf hier die Hände nicht
       benutzen, es gibt Freistoß für die Angreifer.

   c) Es ist Handspiel im Strafraum, es gibt Elfmeter
       für die Angreifer.

147

Das deutsche Pokalendspiel wird immer ausgetragen

   a) im Stadion des letztjährigen Pokalgewinners.

   b) im Berliner Olympiastadion.

   c) im größeren Stadion der beiden Finalgegner.

148

Wie viele Sekunden darf ein Torwart im laufenden Spiel den Ball mit seinen Händen kontrollieren?

a) 12

b) 6

c) 18

149

Beim indirekten Freistoß

a) muss der Schiedsrichter so lange einen Arm nach oben halten, bis ein zweiter Spieler nach dem Freistoßschützen den Ball berührt hat.

b) muss ein Linienrichter so lange die Fahne hochhalten, bis ein Gegenspieler den Ball berührt hat.

c) muss ein Mitspieler so lange den Arm hochhalten, bis ihm der Freistoßschütze den Ball zugespielt hat.

150

Die Grashalme auf einem vorbildlich gemähten Fußballplatz sollten bei einem WM-Spiel nicht länger sein als

a) 2,8 Zentimeter.

b) 6,7 Zentimeter.

c) 12,3 Zentimeter.

151

Darf einem Spieler, der bereist ausgewechselt und auf dem Weg in die Umkleidekabine ist, noch die Rote Karte gezeigt werden?

a) Ja.

b) Nein.

c) Nur innerhalb von 30 Sekunden nach
   der Auswechslung.

152

Wechselt ein Superspieler zu einem anderen Verein, bekommt er meistens zusätzlich zu seinem Gehalt noch eine einmalige Summe obendrauf, diesen Betrag nennt man

a) Fußgroschen.

b) Handgeld.

c) Beinschein.

153

Wenn in einem deutschen Stadion ein Champions-League-Spiel angesetzt ist, muss das Stadion nach den Bestimmungen der UEFA umgebaut werden. Und zwar müssen

a) die Bierbuden verschwinden.

b) die Bande um einen Meter erhöht werden.

c) die Stehplätze in Sitzplätze umgebaut werden.

154

Nach den FIFA-Regeln werden nach jedem Profispiel zwei Spieler jeder Mannschaft zur Doping-Kontrolle ausgewählt. Um im Labor festzustellen, ob sie gedopt haben, ist es nötig,

a) ihnen Blut abzunehmen.

b) eine Speicheltest zu machen.

c) dass sie in ein Gefäß pinkeln.

155

Manchmal wäre es gut, wenn man bei tief stehender Sonne eine Kappe tragen könnte. Auch beim Fußballspielen. Das darf im regulären Spielbetrieb aber

a) nur der Torwart.

b) nur ein Spieler mit ärztlichem Attest.

c) kein Spieler.

156

Straßenfußball ist eigentlich die Urform des Fußballs und hat nur wenige Regeln. Wenn heute sogenannte Streetsoccer-Turniere ausgetragen werden, steht zumindest fest, wie viele Spieler jede Mannschaft jeweils auf dem Feld haben darf, nämlich maximal

a) vier.

b) fünf.

c) sechs.

157

Darf ich nach den Regeln der FIFA meinen Schäfer-hund mit zum WM-Spiel ins Stadion mitbringen?

  a) Ja.

  b) Ja, aber nur wenn ich auf ihn als Blindenhund angewiesen bin.

  c) Nein.

158

In welchem Jahr benutzte ein Schiedsrichter zum ersten Mal eine Pfeife als Signalmittel?

  a) 1878

  b) 1927

  c) 1953

159

Wann wird Abseits gepfiffen?

  a) Wenn der Torwart und ein Gegenspieler im 5-Meter-Raum stehen.

  b) Immer, wenn ein Spieler im Abseits steht.

  c) Wenn ein Spieler aus der Abseitsstellung heraus ins Spiel eingreift.

160

Wie zeigt der Schiedsrichterassistent an, dass ein Spieler ausgewechselt werden soll?

a) Er zeigt mit der Fahne in Richtung Ersatzbank.

b) Er wedelt wild mit der Fahne.

c) Er hält seine Fahne waagrecht über dem Kopf.

161

Darf bei einem Elfmeterschießen ein Spieler, der schon während des Spiels ausgewechselt wurde, als Elfmeterschütze eingesetzt werden?

a) Ja.

b) Nein.

c) Nur, wenn er in der Verlängerung ausgewechselt wurde.

162

Wie oft darf in einem internationalen Spiel der Torwart ausgewechselt werden?

a) einmal

b) zweimal

c) dreimal

163

Was versteht man unter Effet (sprich Effee)?

a) Die Drehungen eines Balles während des Flugs.

b) Die Geschwindigkeit des Balles.

c) Die Flugweite des Balles beim Schuss.

164

Mit welchem Körperteil darf ein Spieler den Ball
nicht absichtlich spielen?

   a) Mit dem Ellenbogen.

   b) Mit dem Oberschenkel.

   c) Mit dem Knie.

165

Oft ist es erfolgreicher, den Angriff aufs gegnerische
Tor nicht durch die Mitte, sondern entlang
der linken und rechten Seitenlinie zu versuchen.
Diese Spielzüge nennt man

   a) Randlauf.

   b) Seitenspurt.

   c) Flügelspiel.

166

Welche Linie des Spielfelds muss der Ball
überqueren, damit ein Eckball gegeben wird?

   a) Die Torauslinie.

   b) Die Seitenlinie.

   c) Die Mittellinie.

61

167

Wohin muss ein Spieler gehen, der mit der Roten Karte vom Platz gestellt wurde?

   a) Er muss das Spielfeld verlassen und in die Umkleideräume gehen.

   b) Er muss das Spielfeld verlassen, darf sich aber auf die Auswechselbank setzen.

   c) Er muss sich einen Platz auf der Tribüne suchen.

168

In welcher Saison wurde in Deutschland die eingleisige Dritte Liga eingeführt?

   a) 2007/08

   b) 2008/09

   c) 2009/10

169

Die Spielzeit einer Verlängerung beträgt zweimal fünfzehn Minuten. Dazwischen werden die Seiten gewechselt. Wie ist die Pause zwischen diesen Verlängerungshalbzeiten geregelt?

   a) Die Zwischenpause in der Verlängerung dauert fünf Minuten.

   b) Es gibt keine Pause, nach dem Seitenwechsel wird sofort weitergespielt.

   c) Die Spieler dürfen sich für zehn Minuten in die Umkleideräume zurückziehen.

170

Kommt es im Pokal zur Begegnung eines Profivereins mit einem Amateurverein, findet das Spiel

   a) im Stadion der Profis statt, weil das größer ist.

   b) im Stadion der Amateure statt, denn diese haben automatisch das Heimrecht.

   c) auf neutralem Grund, also im Stadion eines dritten, unbeteiligten Vereins, statt.

171

Der Schiedsrichter lässt den Ball mit der Hand zwischen zwei gegnerische Spieler fallen, die dann versuchen den Ball zu ergattern. Man nennt das einen Schiedsrichterball. Den gibt es zum Beispiel,

   a) wenn der Ball geplatzt ist und gegen einen neuen ausgetauscht werden muss.

   b) wenn ein Eigentor gefallen ist.

   c) wenn eine Pause eingetreten ist, bei der ein verletzter Spieler versorgt wurde.

172

Wann handelt es sich um ein sogenanntes „gefährliches Spiel"?

   a) Wenn die Fans ohne Sicherheitskräfte ins Stadion strömen.

   b) Wenn ein Spiel bei Dauerregen stattfindet.   63

   c) Wenn ein Spieler mit gestrecktem Bein auf Kopfhöhe in einen Gegenspieler hineinspringt.

173

„Sperren ohne Ball" bedeutet

a) einen Gegenspieler mit dem eigenen Körper vom Ball abdrängen, ohne selbst den Ball spielen zu wollen.

b) das Tor mit mehreren Spielern auf der Torlinie abdecken.

c) den eigenen Mitspieler von der Ballannahme abhalten.

174

Welches Papier bestätigt die Spielberechtigung eines Spielers?

a) Spielerpass

b) Kickerlizenz

c) Bolzausweis

175

Stürmt ein Spieler mit dem Ball allein auf den Torwart zu, dann sollte der Torwart aus dem Torraum heraus und dem heranstürmenden Spieler entgegenlaufen. Warum?

a) Um ihn durch einen Rempler gezielt zu Fall zu bringen.

b) Um den möglichen Schusswinkel des Stürmers auf sein Tor zu verkürzen.

c) Um durch lautes Anschreien, den Stürmer einzuschüchtern.

176

Besonders scharfe Torschüsse sollte ein Torwart gar nicht erst versuchen zu fangen, sondern besser

a) durchlassen.

b) mit den Fäusten abwehren.

c) mit dem Kopf weiterleiten.

177

Durch welchen Spezialschuss kann ein Spieler die Mauer der Gegenspieler bei einem Freistoß überwinden?

a) Durch einen Fallrückzieher.

b) Durch einen gefühlvollen Heber über die Mauer hinweg ins Tor.

c) Durch einen Kopfball.

178

In manchen Situationen ist es für den Schiedsrichter sinnvoll, ein Foulspiel nicht zu pfeifen, sondern das Spiel weiterlaufen zu lassen, weil eine Spielunterbrechung einen aussichtsreichen Spielzug unterbrechen würde. In diesem Fall gilt die

a) Vorteilsregel.

b) Vorfahrtsregel.

c) Vorbildregel.

179

Oliver Bierhoff schoss im Endspiel der EM 1996 das entscheidende Tor für Deutschland in der Verlängerung, nach dem nach damaliger Regelung das Spiel sofort beendet war. Deutschland war Europameister. Ein solches sofort entscheidendes Tor nennt man

   a) Super Goal.

   b) Golden Goal.

   c) Final Goal.

Wissenswertes

180

Dem jungen Berliner Schiedsrichter Robert Hoyzer
wurde im Jahr 2005 nachgewiesen, dass er für
Fehlentscheidungen in mehreren Begegnungen der
2. Bundesliga insgesamt 67 000 Euro Bestechungs-
gelder angenommen hatte. Dafür wurde er bestraft

    a) mit einer Gefängnisstrafe, Geldstrafe und
       lebenslanger Sperre als Schiedsrichter.

    b) mit einem Bußgeld von 5000 Euro.

    c) mit einer zweijährigen Sperre als Schiedsrichter.

181

Die Übertragung von Fußballspielen auf öffentlichen
Plätzen, meist während der großen internationalen
Turniere und auf Großbildleinwänden, nennt man

    a) free looking.

    b) open visiting.

    c) public viewing.

182

Wie nennt man den Erstplatzierten der Tabelle vor
Beginn der Rückrunde einer Saison?

    a) Halbmeister

    b) Herbstmeister

    c) Rückmeister

183

Wie heißt das Fußball-Kinderspiel, bei dem kleine Plastikspieler durch einen Druckknopf am Kopf das rechte Bein bewegen und damit einen zwölfeckigen Ball ins gegnerische Tor schießen können? Das Spiel wird auch von Erwachsenen gespielt, es gibt Mannschaftsmeisterschaften und einen Pokalwettbewerb.

   a) Tipp-Kick

   b) Kick-Topp

   c) Klick-Kick

184

Abseits nennt der Schweizer

   a) outside.

   b) offside.

   c) upside.

185

Das Aztekenstadion steht in

   a) Buenos Aires.

   b) Montevideo.

   c) Mexico-City.

186

Was gibt es beim Fußballspielen nicht?

   a) Den Außenspannstoß.

   b) Den Überspannungsstoß.

   c) Den Innenspannstoß.

187

Moderne Fußballtore sind heutzutage nicht mehr aus Holz, sondern in der Regel aus

   a) Titan.

   b) Aluminium.

   c) Stahl.

188

Als Deutschland 1954 in der Schweiz die Fußballweltmeisterschaft im Endspiel gegen Ungarn gewann, sprach man vom

   a) Gipfel von Genf.

   b) Zauber von Zürich.

   c) Wunder von Bern.

189

Was wurde zur Saison 2008/09 neu eingeführt?

   a) Die eingleisige Dritte Liga.

   b) Die Golden-Goal-Regel beim Pokalendspiel.

   c) Die auf 30 Minuten verlängerte Halbzeitpause.

190

Fenerbahce ist ein erstklassiger Fußballverein in einer Stadt, die früher Konstantinopel hieß und noch früher Byzanz. Wie heißt diese Stadt heute?

    a) Alexandria
    b) Istanbul
    c) Ankara

191

Wer steht im Stadion als sprichwörtlicher „zwölfter Mann" hinter einer Mannschaft und feuert sie an?

    a) Der Platzwart.
    b) Die Journalisten.
    c) Die Fans.

192

Das Bundesland Baden-Württemberg besteht, wie der Name sagt, aus den Landesteilen Baden und Württemberg. Kommt es zu einem baden-württembergischen Derby beider Landesteile, dann spielt Stuttgart, die Hauptstadt Württembergs, gegen die Hauptstadt von Baden. Das ist

    a) Kaiserslautern.
    b) Karlsruhe.
    c) Freiburg.

193

Im Jahr 2011 soll das Nationale Deutsche Fußball-Museum eröffnen. In welcher Stadt?

    a) Köln

    b) Gelsenkirchen

    c) Dortmund

194

Weltmeister bei der allerersten Fußballweltmeisterschaft, 1930, war Uruguay. Auf welchem Kontinent liegt Uruguay?

    a) Asien

    b) Amerika

    c) Afrika

195

Bei Pokalwettbewerben und Turnieren wird oft nach dem K.o.-System gespielt. Das heißt, der Verlierer einer Partie scheidet sofort ohne Rückspiel aus. Für was steht die Abkürzung K.o.?

a) Für Karacho, das schnelle Ende einer Achterbahnfahrt.

b) Für Kaputto, der Begriff für einen fahruntüchtigen Ferrari.

c) Für Knock-out, das Aus eines zu Boden gegangenen und geschlagenen Boxers.

196

Zu einer Welt- oder Europameisterschaft reisen die Länder nicht nur mit 11 sondern mit 20 bis 25 Spielern an. Dieser erweiterte Kreis der möglichen Spieler heißt

a) Kader.

b) Kater.

c) Radar.

197

Unter „Feldspieler" versteht man

a) alle Spieler einer Mannschaft außer den Torwart.

b) alle Verteidiger einer Mannschaft.

c) Hobbykicker auf einem ungepflegten Fußballplatz.

198

Unter „Flügelspiel" versteht man im Fußball,

a) wenn Spieler durch heftige Armbewegungen auf sich aufmerksam machen wollen.

b) wenn Spieler über die linke oder rechte Spielfeldseite den Weg zum Tor suchen.

c) wenn ein Torerfolg eine Mannschaft zu überraschender Spielstärke beflügelt.

199

Gewinnt eine Mannschaft ein Spiel mit mindestens vier Toren Unterschied, spricht man von einem

a) Kontersieg.

b) Waterkantsieg.

c) Kantersieg.

200

Immer wieder hört man, dass sich Fußballspieler an der Achillesferse verletzen. Wer war Achilles?

a) Ein belgischer Arzt, der eine Methode erfunden hat, die verletzte Ferse zu heilen.

b) Ein antiker Held in Griechenland, dessen einzige verwundbare Stelle die Ferse war.

c) Ein brasilianischer Fußballspieler der 20er-Jahre, der sich als Erster an dieser Stelle verletzte.

201

Wie werden die Noppen an den Sohlen von Fußball-
schuhen genannt?

   a) Stopper

   b) Stollen

   c) Nägel

202

Österreichische Fußballreporter nennen einen Eck-
stoß gerne auf englisch

   a) Quarter.

   b) Angular.

   c) Corner.

203

Wie nennt man Spiele, die zur Teilnahme an einem
Turnier berechtigen?

   a) Qualifikationsspiele

   b) Benefizspiele

   c) Freundschaftsspiele

204

Wie alt muss man mindestens sein, um offiziell als
Schiedsrichter eingesetzt werden zu können?

   a) 12 Jahre.

   b) 15 Jahre.

   c) 18 Jahre.

205

Franz Beckenbauer nannte den UEFA-Cup den Pokal der Verlierer, weil dort die Mannschaften aus den europäischen Ligen spielen, die

a) aus der ersten Liga ihres Landes abgestiegen sind.

b) über kein geeignetes Stadion verfügen.

c) sich nicht für die Champions-League qualifiziert haben.

206

Wie heißt die höchste Spielklasse im englischen Fußball?

a) First Class.

b) Premier League.

c) Division One.

207

Vorschlussrunde ist ein anderer Begriff für

a) Spielabbruch.

b) Schlussoffensive.

c) Halbfinale.

208

Welcher Karibikstaat hat es noch nie bis in die Vorrunde einer Fußballweltmeisterschaft geschafft?

a) Jamica

b) Haiti

c) Barbados

209

Ein Fußballspiel, bei dem die Einnahmen einem guten Zweck dienen, zum Beispiel für den Bau eines neuen Kindergartens, nennt man

a) ein Malefizspiel.

b) ein Kabafixspiel.

c) ein Benefizspiel.

210

Manche Fußballstadien sind auch als Leichtathletikstadion zu verwenden und haben darum rund um das Spielfeld eine Laufbahn, zum Beispiel das Berliner Olympiastadion. Die Berliner Laufbahn ist aber anders als die normalen Laufbahnen in Stadien,

a) sie ist vor der Pressetribüne untertunnelt.

b) sie wird auch für Windhunderennen genutzt.

c) sie hat keinen roten Kunststoffbelag wie üblich, sondern einen blauen.

211

Nach der Fußball-Weltmeisterschaft in Deutschland
2006 gab es einen sehr erfolgreichen Film, der
die Tage der WM und die deutsche Mannschaft
dokumentierte. Der Film heißt

a) Deutschland. Ein Sommermärchen.

b) Deutschland. Ein Fußballwunder.

c) Deutschland. Ein Zauberwald.

212

Das legendäre Revierderby ist nach dem größten
Bergbaurevier in Deutschland, dem Ruhrgebiet
benannt. Das Derby bestreiten die Vereine

a) VfL Bochum gegen Bayer Leverkusen.

b) Borussia Dortmund gegen FC Schalke 04.

c) Borussia Mönchengladbach gegen
MSV Duisburg.

213

Mit welchem englischen Begriff ist der Schiedsrichter
gemeint?

a) Referee

b) Manager

c) Coach

214

Wer wurde bei der EM 2008 Europameister?

  a) Italien

  b) Spanien

  c) Portugal

215

Moderne Stadien haben spezielle Tribünenbereiche für Gäste, den VIP-Bereich. Wofür steht die Abkürzung VIP?

  a) Very Important Person

  b) Very Interesting Person

  c) Very Intelligent Person

216

Wofür steht die Abkürzung DFB?

  a) Deutsche Fußball-Behörde

  b) Deutsche Fußball-Bundesliga

  c) Deutscher Fußball-Bund

217

Der Trainer Jupp Heyckes oder der frühere Bundestrainer Jupp Derwall heißen offiziell gar nicht Jupp. Jupp ist nur ein Spitzname und steht für

  a) Justus.

  b) Julian.

  c) Josef.

218

Seit wann gibt es die Fußballweltmeisterschaft der Frauen?

   a) 1971

   b) 1981

   c) 1991

219

Auf welchem „Berg" steht kein Bundesligastadion?

   a) Betzenberg

   b) Nockerberg

   c) Bökelberg

220

Wie heißt die höchste Spielklasse in Spanien?

   a) Prima Liga

   b) Classe Una

   c) Primera División

221

Frauenfußballmannschaften waren früher in deutschen Fußballvereinen verboten. Wann hob der Deutsche Fußball-Bund das Verbot auf?

   a) 1890

   b) 1927

   c) 1970

222

Wenn zwei Mannschaften aus einer Stadt oder einer Region aufeinandertreffen, spricht man von einem Derby. Derby war ursprünglich

  a) ein Langstreckenlauf zwischen der schottischen Stadt Derby und Inverness.

  b) eine Art Stabhochsprung mit krummen Stäben, die Derby genannt wurden.

  c) ein 1780 erstmals ausgetragenes Pferderennen in England, benannt nach dem Earl of Derby.

223

Warum trillert die Schiedsrichter-Trillerpfeife?

  a) Weil im Inneren eine Membran durch den Luftstrom in Schwingung gebracht wird.

  b) Weil sich der Luftstrom am Mundstück der Pfeife unregelmäßig bricht und daher der Ton flattert.

  c) Weil im Inneren der Pfeife eine kleine Kugel durch das Hineinpusten in Bewegung versetzt wird und den Ton trillern lässt.

224

In einem Fußballverein heißt das Mitglied, das sich um die Finanzen des Vereins kümmert, meistens

  a) Schatzmeister.

  b) Geldwart.

  c) Scheckchef.

81

225

Wer darf nicht als Trikot-Sponsor einer Bundesliga-mannschaft auftreten?

   a) Eine Automarke.

   b) Eine politische Partei.

   c) Ein Fernsehsender.

226

Früher war Werbung auf den Spielertrikots nicht üblich und nicht erlaubt. Erst 1973 zeigte die Mannschaft von Eintracht Braunschweig zum ersten Mal ein Markenprodukt auf den Trikots. Wie hieß das Produkt?

   a) Waldmeister

   b) Wachtmeister

   c) Jägermeister

227

Die Werbetafeln rund um ein Fußballfeld heißen

   a) Gruppenreklame.

   b) Bandenwerbung.

   c) Cliquenanzeigen.

228

Am zweiten Weihnachtsfeiertag wird in England traditionell Fußball gespielt. Die Ligaspiele der Premier League sind ein Ereignis für die ganze Familie an diesem Feiertag, dem

- a) Boxing Day.
- b) Knocking Day.
- c) Punching Day.

229

Die oberste Spielklasse im Niederländischen Fußball heißt Eredivisie (Ehrendivision). Wie heißt die zweithöchste Spielklasse?

- a) Eerste Divisie
- b) Zweete Divisie
- c) Driete Divisie

230

Der Fernsehjournalist Gerhard Delling kommentiert seit Jahren in der ARD die Länderspiele der deutschen Mannschaft zusammen mit dem ehemaligen Nationalspieler

- a) Olli Kahn.
- b) Mehmet Scholl.
- c) Günter Netzer.

231

Vor Länderspielen werden die Nationalhymnen der beiden Mannschaften gespielt. Die Spieler sollen mitsingen, was sie aber selten machen. Es gibt aber auch Nationalhymnen, die haben offiziell gar keinen Text zum Mitsingen, zum Beispiel die Hymne von

a) Frankreich.

b) Italien.

c) Spanien.

232

Gewinnt eine Mannschaft die Meisterschaft und den Pokal nennt man das ein „Double". Gewinnt sie im selben Jahr auch noch einen internationalen Titel, zum Beispiel den UEFA-Cup, nennt man das ein

a) Mople.

b) Triple.

c) Diple.

233

Große Städte haben mehrere Fußballvereine und mehrere Stadien. In welcher deutschen Großstadt stehen das Stadion am Millerntor und das Volksparkstadion (heute AOL-Arena)?

a) Hamburg

b) Berlin

c) München

234

Warum sagt man zum Tabellenletzten, er trage die „rote Laterne"?

a) Weil früher die Nachtwächter die Betrunkenen mit einer roten Laterne nach Hause begleiteten.

b) Weil früher am letzten Wagen von Eisenbahnzügen eine rote Laterne hing.

c) Weil die rote Laterne das Erkennungszeichen für den Totengräber war.

235

Die Sportmarke adidas wurde im Jahr 1949 gegründet. Der Gründer hatte den Spitznamen Adi. Aus Adi und einem Teil seines Nachnamens bildete er den Namen adidas. Wie hieß er?

a) Adam Daas

b) Adalbert Dastelburger

c) Adolf Dassler

236

Das größte Fußballstadion Europas bietet Platz für fast 100 000 Zuschauer, heißt Camp Nou und steht in

a) Madrid.

b) Lissabon.

c) Barcelona.

237

Den Italiener Pierluigi Collina halten viele für den weltbesten Schiedsrichter. Er wurde zwischen 1998 und 2003 sechsmal in Folge zum „Weltschiedsrichter des Jahres" gewählt. Sein Erkennungszeichen auf dem Platz war

a) seine spiegelblanke, glänzende Glatze.

b) seine rosarote Sonnenbrille.

c) sein 30 Zentimeter langer, grauer Rauschebart.

238

Der deutsche Fußballmeister bekommt als Preis
keinen Pokal, sondern

    a) einen Topf.

    b) einen Becher.

    c) eine Schale.

239

Fußball heißt in den USA

    a) Football.

    b) Soccer.

    c) Rugby.

240

Das wohl umstrittenste Tor der Fußballgeschichte
fiel (oder fiel nicht) im Finale der WM 1966 zwischen England und Deutschland. Dabei sprang der
Ball von der Querlatte des englischen Tors auf oder
hinter die Linie. Das Tor wird nach dem Stadion
benannt, in dem damals gespielt wurde, und heißt

    a) Wimbledon-Tor.

    b) Westminster-Tor.

    c) Wembley-Tor.

241

Der WM-Song zur Fußball-Weltmeisterschaft 2006 in Deutschland mit dem Titel „54 74 90 2006" stammte von

a) Sportfreunde Stiller.

b) Rosenstolz.

c) Herbert Grönemeyer.

242

Von einer „englischen Woche" spricht man im Saisonverlauf, wenn

a) eine Mannschaft außer am Wochenende auch noch an einem Werktag unter der Woche spielen muss.

b) eine Mannschaft im UEFA-Cup gegen eine englische Mannschaft antreten muss.

c) eine Mannschaft mehrmals die Woche bei Regen trainieren musste.

243

„Meniskus" heißt die häufige Diagnose eines verletzten Spielers, der dann gewöhnlich wochenlang pausieren muss. Wo im menschlichen Körper befindet sich der Meniskus?

a) Im Fuß.

b) Am Rücken.

c) Im Knie.

244

Die größte Fan-Meile mit Live-Übertragung der Spiele vor Hunderttausenden von Fans bei der WM 2006 in Deutschland war in Berlin vor

a) dem Fernsehturm.

b) dem Brandenburger Tor.

c) dem Reichstag.

245

Das Münchner Olympiastadion war lange Zeit Heimstadion des FC Bayern München. Das Stadion hat ein ganz besonderes Dach:

a) ein Schiebedach.

b) ein Holzdach.

c) ein Zeltdach.

246

Pünktlich an jedem Spieltags-Samstag um 16 Uhr 55 beginnt in den öffentlichen Radioprogrammen die Live-Berichterstattung aus den Bundesligastadien, wobei wild von einem Stadion zum anderen geschaltet wird, je nachdem, wo gerade ein Tor fällt. Diese Sendung heißt

a) Bundesliga-Schlusskonferenz.

b) Bundesliga-Schaltsitzung.

c) Bundesliga-Spieletagung.

247

Rudi Völler platzte in einem Fernsehinterview der Kragen. Am Ende einer Schimpfkanonade warf er dem Reporter vor: „Du sitzt hier und hast drei Weizenbier getrunken ...“ Wer war der Reporter?

   a) Jörg Wontorra

   b) Waldemar Hartmann

   c) Gerhard Delling

248

Die Zugspitze ist mit 2962 Meter über dem Meeresspiegel der höchste Berg Deutschlands. In dieser Höhe wäre das Fußballspielen wegen des geringen Sauerstoffgehaltes der Luft äußerst anstrengend. Wie hoch über dem Meeresspiegel liegt das Aztekenstadion von Mexico City?

   a) Ca. 1980 Meter.

   b) Ca. 2310 Meter.

   c) Ca. 4580 Meter.

249

In welchen beiden Jahren wurde Deutschland Fußball-Weltmeister?

   a) 1938 und 1958

   b) 1954 und 1974

   c) 1962 und 1982

250

Die Bundesliga-Talk-Show „Doppelpass" im Deutschen Sportfernsehen wird während der Saison sonntags zwischen 11 und 13 Uhr gesendet und zwar aus einem Hotel am

a) Hamburger Hafen.

b) Münchner Airport.

c) Berliner Reichstag.

251

Die ARD befragt ihre Zuschauer seit 1971 nach dem „Tor des Monats". Wie oft schoss eine Frau das Tor des Monats?

a) einmal

b) nie

c) mindestens achtmal

252

Das Endspiel des olympischen Fußball-Wettbewerbs 2008 in Peking fand im Nationalstadion, dem spektakulären neuen Olympiastadion Pekings, statt. Wegen seiner außergewöhnlichen Architektur heißt dieses Stadion auch

a) Vogelnest.

b) Pferdestall.

c) Fuchsbau.

253

Welcher internationale Titel fehlt Michael Ballack noch in seiner Titelsammlung?

a) Europameister
b) Weltmeister
c) Beides

254

Die großen Erfolge der traditionsreichen SpVgg Greuther Fürth liegen schon Jahrzehnte zurück, doch der Name des Fürther Stadions klingt sehr jugendlich. Es heißt

a) Lego-Stadion.
b) Diddl-Maus-Stadion.
c) Playmobil-Stadion.

255

Als aktiver Spieler in den Achtzigerjahren wurde er das Kopfballungeheuer genannt. Seit 2008 ist er mit der U19, U20 und U21 ein sehr erfolgreicher Trainer der Nachwuchsmannschaften des DFB:

a) Horst Hrubesch.
b) Rudi Völler.
c) Andi Brehme.

256

Der deutsche Bundestrainer Joachim „Jogi" Löw
war auch als Vereinstrainer erfolgreich. So führte er
2001/02 im Ausland einen Verein sogar zur Meisterschaft, nämlich

   a) FC Tirol Innsbruck.

   b) FC Winterthur.

   c) FC Frauenfeld.

257

Der amerikanische Präsident Barack Obama findet
Bowling den langweiligsten Sport, seine Lieblings-
sportart aber ist

   a) Basketball.

   b) Baseball.

   c) Football.

258

Die Europameisterschaft 2012 vergab die UEFA
an zwei Länder, die sich die Wettkämpfe teilen.
Das sind

   a) Polen und Ungarn.

   b) Bosnien und Herzegowina.

   c) Tschechien und die Slowakei.

259

Auch bei der Olympiade wird gekickt. Seit wann ist
Fußball eine olympische Disziplin?

   a) 1908
   b) 1936
   c) 1972

260

Was macht man, wenn sich über dem Bolzplatz ein
Gewitter zusammenbraut? Man stellt sich unter!
Nur wo?

   a) Unter einem Baum am Spielfeldrand.
   b) In einem festen Gebäude.
   c) Unter dem Dach der Trainerbank.

261

Zur Saison 2009/10 wechselte Cristiano Ronaldo
von Manchester United zu Real Madrid für die
Rekord-Ablöse-Summe von 95 Millionen Euro.
Das Geld wurde von ManU an Real überwiesen.
Man hätte es auch bar in 1-Euro-Stücken übergeben
können. Wie viel hätte die Geldsumme dann
ungefähr gewogen?

   a) 476 Tonnen
   b) 712 Tonnen
94 c) 1965 Tonnen

262

Bei einem Foul bekommt ein Spieler einen heftigen
Schlag aufs Schienbein. Das tut weh. Im Fernsehen
sieht man dann oft, dass der medizinische Betreuer
zum Spieler läuft und ihm etwas aus einer
Sprühflasche aufs Schienbein sprüht. Was bewirkt
dieses Spray?

a) Es kühlt.

b) Es klebt.

c) Es brennt.

263

Die Weltmeisterschaft im Frauenfußball 2011 ist in
der Geschichte der Frauen-Fußball-WM die

a) 6. WM.

b) 7. WM.

c) 8. WM.

264

Bei der U21-Europameisterschaft in Schweden 2009
gewann Deutschland den Titel im Endspiel gegen
England mit

a) 2 : 0.

b) 4 : 0.

c) 5 : 0.

265

Wenn die WM 2010 in Südafrika startet, ist es in Europa Sommer, aber in Südafrika Winter. Denn Südafrika liegt auf der anderen Seite des Äquators. Wann gab es das zuletzt bei einer Weltmeisterschaft, dass im Gastgeberland Winter war?

a) Argentinien 1978

b) Mexiko 1986

c) Südkorea und Japan 2002

266

Hat eine Mannschaft einen besonders torgefährlichen Spieler, ordnet der gegnerische Trainer ihm einen Verteidiger zu, der sich vor allem um diesen Torjäger kümmern soll. Man nennt diesen Spieler dann einen

a) Spezialwächter.

b) Sonderbewacher.

c) Superwachmann.

267

Was gehört unbedingt zur Ausstattung eines Schiedsrichterassistenten?

a) Stoppuhr

b) Fahne

c) Handy

268

Zur Saison 2009/10 wurde der UEFA-Pokal offiziell umbenannt. Der Wettbewerb heißt jetzt

  a) UEFA-Contest.

  b) UEFA-League.

  c) UEFA-Championship.

269

Welcher Trainer-Alt-Star ist mit acht deutschen Meistertiteln der erfolgreichste Bundesligatrainer?

  a) Ottmar Hitzfeld

  b) Udo Lattek

  c) Jupp Heynckes

270

Was ist ein Spielmacher?

  a) Jemand, der Geld für Wetten auf Spiele annimmt.

  b) Der Veranstalter von Fußballturnieren.

  c) Der Spieler, der seine Mannschaftskollegen durch besonderen persönlichen Einsatz vorantreibt.

271

Wie muss der Ball getroffen werden, damit der Schuss die maximale Wucht bekommt?

  a) Mit dem Seitenrist.

  b) Mit dem Vollspann.

  c) Mit der Schuhspitze.

272

Müssen für die Frauen-Weltmeisterschaft 2011 in Deutschland die Stadien speziell für Frauenfußball umgebaut werden?

a) Ja, die Frauenfußballfelder sind kleiner als Männerfußballfelder.

b) Ja, denn Frauenfußballtore sind größer, damit mehr Tore fallen.

c) Nein.

273

Wie nennt man das enge, körperbetonte Kämpfen um einen Ball zwischen zwei gegnerischen Spielern?

a) Backling

b) Sackling

c) Tackling

274

Unter den Stutzen tragen die Spieler zum Schutz der Unterschenkelknochen sogenannte

a) Schienbeinschützer.

b) Steißbeinschoner.

c) Sprunggelenkswärmer.

275

Um im Winter auch am Abend spielen zu können,
hat jedes moderne Stadion eine

a) Tribünenlichtorgel.

b) Rasenlaterne.

c) Flutlichtanlage.

276

Aus welchem Pokalwettbewerb entwickelte sich die
heutige Champions League?

a) Pokal der Pokalsieger

b) UEFA-Pokal

c) Pokal der Landesmeister

277

Wie heißt die höchste Spielklasse im Österreichi-
schen Fußball?

a) Alpendivision

b) Austrialiga

c) Bundesliga

278

Nur eine Nationalmannschaft war bisher bei allen
Weltmeisterschaften dabei, und zwar

a) England.

b) Brasilien.

c) Italien.

279

Wer gewann sowohl als aktiver Spieler wie auch als Teamchef einer Nationalmannschaft den Weltmeistertitel?

a) Diego Maradona
b) Franz Beckenbauer
c) Berti Vogts

280

Trainer der Nationalmannschaft kann man auch ohne Trainerschein werden. Welcher dieser drei Bundestrainer hatte keinen Trainerschein?

a) Berti Vogts
b) Jürgen Klinsmann
c) Franz Beckenbauer

281

Bei der Weltmeisterschaft 2002 lautete das Endspiel Brasilien gegen Deutschland. Es endete

a) 2:0.
b) 0:2.
c) 2:3.

282

Als größtes Stadion der Welt gilt das

a) Olympiastadion in Berlin.
b) Maracana-Stadion in Rio de Janeiro.
c) Giuseppe-Menazza-Stadion in Mailand.

283

Die Heimspiele der englischen Nationalmannschaft
finden immer im gleichen Stadion statt, dem

a) Humpi-Dumpi-Stadion.

b) Wembley Stadion.

c) Sampler-Stadion.

284

Wo hat der Deutsche Fußball-Bund (DFB) seinen
Hauptsitz?

a) Berlin

b) Frankfurt am Main

c) Dortmund

Mannschaften und Vereine

285

Verliert eine Mannschaft oft im eigenen Stadion, spricht man vom Heimkomplex. Gewinnt eine Mannschaft oft zu Hause, spricht man vom Heimnimbus. Nimbus ist ein anderes Wort für

a) Lorbeerkranz.

b) Heiligenschein.

c) Goldmedaille.

286

Wie bezeichnet man eine Mannschaft, die oft auf- und absteigt?

a) Fahrstuhlmannschaft

b) Rolltreppenmannschaft

c) Liftmannschaft

287

Nicht alle mögen den FC Bayern München. Die ihn nicht so gern mögen, singen gerne im Stadion:

a) „Zieht den Weißwürsten die Wurstpelle ab, Wurstpelle ab …"

b) „Zieht den Bayern die Lederhosen aus, Lederhosen aus …"

c)„Zieht beim Fingerhakeln die Bayern übern Tisch, Bayern übern Tisch …"

288

Welche Mannschaft ist im Deutschen Frauenfußball mit über 20 nationalen und internationalen Titeln am erfolgreichsten?

   a) FC Erzgebirge Aue

   b) 1. FFC Turbine Potsdam

   c) 1. FFC Frankfurt

289

Das Lokal-Derby „AC gegen Inter" gibt es in

   a) Mailand.

   b) Madrid.

   c) München.

290

Wie heißt der traditionsreiche Leipziger Fußball-verein?

   a) 1. FC Rakete Leipzig

   b) 1. FC Sputnik Leipzig

   c) 1. FC Lokomotive Leipzig

291

Der MSV Duisburg hat als Maskottchen

   a) ein Zebra.

   b) eine Giraffe.

   c) ein Kamel.

292

Viele Sportvereine führen die Abkürzung DJK in ihrem Namen. Wofür steht diese Abkürzung?

a) Deutsche Jugendkraft

b) Die jungen Kerle

c) Der Jahrhundertklub

293

London hat zahlreiche Fußball-Clubs, die immer wieder gegeneinander antreten müssen. Es kommt also ständig zu einem Lokal-Derby in London. Welche Partie ist kein Londoner Derby?

a) FC Arsenal gegen FC Chelsea

b) Tottenham Hotspur gegen West Ham United

c) Queens Park Rangers gegen Aston Villa

294

Was zeigt das Vereinswappen des VfB Stuttgart?

a) Drei gelbe Hasenohren.

b) Drei schwarze Hirschgeweihe.

c) Drei rote Löwenschwänze.

295

Der VfL Wolfsburg gehört einer großen deutschen Automarke. Welcher?

a) BMW

b) Opel

c) VW

296

Welcher Verein hat in der Bundesliga am häufigsten die Meisterschaft gewonnen?

   a) 1. FC Nürnberg

   b) FC Schalke 04

   c) FC Bayern München

297

Welchen Vorteil genießen Amateurvereine bei Pokal-spielen gegen Profivereine?

   a) Sie bekommen ein Tor-Vorsprung.

   b) Sie dürfen zu Hause im eigenen Stadion spielen.

   c) Sie dürfen bis zu 10-mal auswechseln.

298

Der bekannte Fußballverein der englischen Stadt Nottingham heißt

   a) Sherwood Forest.

   b) Nottingham Forest.

   c) Robin Wood Nottingham.

299

Wenn man kurz vom KSC spricht, meint man damit den Fußballverein aus

   a) Kaiserslautern.

   b) Karlsruhe.

   c) Köln.

300

Welche italienische Großstadt hat nur einen Verein in der „Serie A", der ersten Fußball-Liga Italiens?

a) Neapel

b) Rom

c) Mailand

301

„Borussia" kommt mehrfach als Zusatz bei Vereinsnamen vor. Doch was bedeutet Borussia? So viel sei verraten: Es ist das lateinische Wort für

a) Russen.

b) Preußen.

c) Westfalen.

302

In Spanien heißt Deutschland Alemania, in Frankreich Allemagne. Dahinter steckt der alte germanische Volksstamm der Alemannen, die im Bereich des heutigen Baden-Württembergs lebten. Welcher Fußballverein nennt sich noch heute nach diesem Volksstamm Alemannia?

a) Aachen

b) Aalen

c) Ahlen

303

Istanbul hat mit Besiktas, Fenerbahce und Glatasaray drei international erfolgreiche Fußballvereine und ist damit die Hauptstadt des türkischen Fußballs. Die eigentliche Hauptstadt der Türkei ist aber nicht Istanbul, sondern

a) Adana.

b) Izmir.

c) Ankara.

304

Der „FC Erzgebirge Aue" hieß bis 1993 „FC Wismut Aue". Wer oder was ist Wismut?

a) Wismut hieß das Maskottchen des Vereins, ein Wiesel, das 1993 starb.

b) Wismut ist ein Metall, das im Erzgebirge, neben dem stark giftigen Uran, abgebaut wurde.

c) Wismut ist ein Kräuterschnaps, der in Aue hergestellt wird und starke Kopfschmerzen hervorruft.

305

„Fortuna" gibt es oft als Zusatz von Fußballvereinen, zum Beispiel bei Fortuna Düsseldorf. Was bedeutet das lateinische Wort „Fortuna"?

a) Sieg

b) Glück

c) Ruhm

306

Wie oft muss ein Verein die Deutsche Fußballmeisterschaft gewonnen haben, um zwei Sterne auf seinen Trikots anbringen zu dürfen?

a) mindestens dreimal

b) mindestens fünfmal

c) mindestens zehnmal

307

Dass ein Bundeskanzler auch Besitzer eines Fußballclubs ist, wäre in Deutschland kaum vorstellbar. In Italien schon. Silvio Berlusconi ist nicht nur langjähriger und mehrmaliger italienischer Ministerpräsident, sondern auch Besitzer von

a) Lazio Rom.

b) AC Mailand.

c) Juventus Turin.

308

Die italienische Nationalmannschaft trägt bei ihren Heimspielen

a) rote Hemden, grüne Hosen und rote Stutzen.

b) blaue Hemden, weiße Hosen und blaue Stutzen.

c) weiße Hemden, rote Hosen und blaue Stutzen.

309

Der FC St. Pauli in Hamburg hat neben seiner offiziellen Vereinsfahne noch eine inoffizielle, die aber bei den Fans viel beliebter ist, nämlich

a) eine Piratenfahne.

b) eine Rot-Kreuz-Fahne.

c) eine wehende Latzhose.

310

Die Hemden der brasilianischen Nationalmannschaft sind

a) blau und rot.

b) gelb und grün.

c) rot und schwarz.

311

Unter der Bezeichnung „die Königsblauen" versteht man die Spieler von

a) 1860 München.

b) Hertha BSC.

c) Schalke 04.

312

Zu ihren Glanzzeiten erwarben sich die Spieler von Real Madrid den Ehrentitel

- a) Die Galaktischen.
- b) Die Ufos.
- c) Die Universalen.

313

Der 1. FC Köln hat als Maskottchen

   a) ein Pferd.

   b) ein Känguru.

   c) einen Geißbock.

314

Zwischen 1999 und 2007 spielte beim FC Bayern München ein berühmter Spieler aus Paraguay:

   a) Roque Fanta Rum.

   b) Roque Santa Claus.

   c) Roque Santa Cruz.

315

Was bedeutet das „Werder" beim SV Werder Bremen?

   a) Werder nennt man die Flussinsel in der Weser, die durch Bremen fließt.

   b) Heinrich Werder war der Gründer des Vereins.

   c) Werder nennt man rund um Bremen die besonders lauffreudigen jungen Pferde.

316

Die Spieler der Nationalmannschaft von Nigeria nennen sich auch die

   a) Super Eagels.

   b) Wunder Igel.

   c) Prima Beagel.

317

Alle deutschen Profivereine kann man auch als „Clubs" bezeichnen. Aber nur ein Verein trägt den legendären Namen „Der Club" und seine Anhänger sind die „Cluberer":

a) SC Rot-Weiß Oberhausen.

b) 1. FC Nürnberg.

c) F.C. Hansa Rostock.

318

In den Saisons 1999/2000 und 2000/2001 war in der ersten Bundesliga neben den beiden Münchner Vereinen Bayern München und 1860 München noch ein Verein aus einem Münchner Vorort vertreten, die Spielvereinigung

a) Unterhaching.

b) Unterbeindlgries.

c) Unterthingau.

319

In den Vereinswappen welcher Clubs ist eine flatternde Vereinsfahne dargestellt?

a) VfB Stuttgart und FC St. Pauli

b) Hertha BSC und Arminia Bielefeld

c) FC Schalke 04 und SC Freiburg

320

Welcher Kleinstaat hat zwar eine eigene Fußball-
Nationalmannschaft, beteiligt sich aber nicht an den
Qualifikationen zur Fifa-Weltmeisterschaft?

a) San Marino

b) Vatican

c) Andorra

321

Ein berühmter Niederländischer Fußballverein heißt

a) Ata Amsterdam.

b) Ajax Amsterdam.

c) Salmiak Amsterdam.

322

Hansa Rostock ist nach dem mittelalterlichen Städte-
bund der Hanse benannt, zu dem vor allem die
großen Kaufmannstädte an der Nord- und Ostsee,
aber auch andere große Städte im Binnenland
gehörten. Welche Städte waren nie Hanse-Städte?

a) Hamburg und Bremen

b) Dortmund und Köln

c) München und Nürnberg

323

Die Nationalmannschaft von Dänemark hatte ihre stärkste Phase in den 80er- und frühen 90er-Jahren. Aus dieser Zeit stammt auch der Spitzname der Mannschaft:

   a) Danish Dribblestar.

   b) Danish Düsentrieb.

   c) Danish Dynamite.

324

Die Spieler des TSV 1860 München werden auch die „Löwen" genannt, weil

   a) 1860 der Verein im Circus Krone in München gegründet wurde.

   b) der erste Trainer der Münchner Richard Löwenherz war.

   c) das Vereinswappen einen Löwen zeigt, das Wappentier Bayerns.

325

Fußballvereine haben oft Abkürzungen vor dem eigentlichen Vereinsnamen. VfB heißt bei Stuttgart Verein für Bewegungsspiele, VfL heißt bei Wolfsburg Verein für Leibesübungen. Was heißt das VfR beim VfR Aalen?

   a) Verein für Rugbyspieler

   b) Verein für Rasenspiele

   c) Verein für Rhythmische Sportgymnastik

326

Welcher Verein spielt wirklich im Schweizer Profifußball?

  a) Heuhüpfer Bern

  b) Wiesenwühler Luzern

  c) Grasshopper Zürich

327

Das „Real" bei Real Madrid steht für

  a) das spanische Königshaus.

  b) eine Supermarkt-Kette.

  c) die Abkürzung von Realista.

328

Die Spieler der italienischen Nationalmannschaft heißen wegen ihrer blauen Trikots auch die

  a) Abruzzi.

  b) Azzurri.

  c) Augusti.

329

Die TSG 1899 Hoffenheim wird von einem der reichsten Männer Deutschlands mit sehr viel Geld unterstützt. Dieser Mann heißt

  a) Dietmar Hipp.

  b) Dietmar Hopp.

  c) Dietmar Hepp.

330

In der ersten französischen Liga (Ligue 1) spielt seit Jahren ein Verein, der gar nicht in Frankreich beheimatet ist. Wie heißt der?

a) Olympique Marseilles
b) AS Monaco
c) O.G.C. Nizza

331

Großbritannien hat keine Nationalmannschaft. Das Land hat aber als „Mutterland des Fußballs" das Recht, für jeden Landesteil eine eigene „Nationalmannschaft" auf internationale Turniere zu schicken. Neben England, Schottland und Nordirland ist das noch

a) Cornwall.
b) Kent.
c) Wales.

332

Bayer 04 Leverkusen ist eine sogenannte Werks-Elf, also eine Mannschaft, die von einem großen Industrie-Werk finanziert wird. Das Werk in Leverkusen heißt Bayer. Was produziert Bayer?

a) Chemische Produkte und Medikamente
b) Autos und Motorräder
c) Kohle und Stahl

333

Die Spieler von Schalke 04 werde auch die „Knappen" genannt, weil

a) Schalke immer so knapp an der Meisterschaft vorbeischrammt.

b) Gelsenkirchen eine traditionsreiche Bergbauregion ist und Bergleute auch „Knappen" genannt werden.

c) es eigentlich Knaben heißen muss, im Unterschied zur Damenmannschaft.

334

Der Nationalmannschaft von Kamerun wurde 2004 das Tragen ihres neuen modischen Trikots vom Weltverband FIFA unter Androhung härtester Strafen verboten, weil

a) es zu klein gemustert war und im Fernsehen Flimmerbilder erzeugte.

b) die Hemden so weit geschnitten waren, dass sich Gegenspieler darin verfangen hätten.

c) Hemd und Hose in einem Stück waren und solche Einteiler nicht erlaubt sind.

335

Hoffenheim, die Heimat der TSG 1899 Hoffenheim, ist keine eigenständige Gemeinde, sondern nur ein eingemeindeter Ortsteil einer Stadt in Baden-Württemberg. Dort steht das Hoffenheimer Stadion. Diese Stadt heißt

a) Sinsheim.

b) Heilbronn.

c) Mannheim.

336

Viele Fans von 1860 München möchten am liebsten aus der Allianz-Arena in das alte Grünwalder Stadion zurückziehen. Bis zum Bau des Münchner Olympiastadions spielte auch Bayern München im Grünwalder Stadion. Daher ist auch das Trainingsgelände der Bayern ganz in der Nähe des Grünwalder Stadions, in der

a) Schwerter Straße.

b) Degener Straße.

c) Säbener Straße.

337

Welchen Verein führte Jürgen Klopp als Trainer von den Abstiegsrängen der Zweiten Liga in die Erste Liga, in den UEFA-Cup und wieder zurück in die Zweite Liga?

  a) 1. FC Kaiserslautern

  b) 1. FSV Mainz 05

  c) 1. FC Nürnberg

338

Welche Vereine tragen ihr Gründungsdatum 1904 noch heute im Vereinsnamen?

  a) Bayer Leverkusen und Schalke

  b) Hoffenheim und Nürnberg

  c) Hannover und Köln

339

Der Kader zur U21 Europameisterschaft 2009 in Schweden umfasste 23 Spieler, die aus 16 verschiedenen Erst- und Zweitligavereinen stammten. Darunter war kein Spieler des

  a) FC Bayern München.

  b) TSV 1860 München.

  c) SC Freiburg.

340

Edin Dzeko und Grafite erzielten in der Saison 2008/09 für Wolfsburg zusammen 54 Tore und übertrafen damit um ein Tor den alten Rekord aus der Saison 1971/72 von

a) Paul Breitner und Karl-Heinz Rummenigge.

b) Gerd Müller und Uli Hoeneß.

c) Franz Beckenbauer und Dieter Hoeneß.

341

Welcher Limonaden-Hersteller hat nicht nur einen Formel-1-Rennstall und einen Erstliga-Fußballverein in Österreich, sondern will jetzt mit einem Verein aus Leipzig in die deutsche Bundesliga vordringen?

a) Coca-Cola

b) Fanta

c) Red Bull

342

Normalerweise wechseln die Superstars häufig ihren Verein. Nur Steven Gerrard spielt bereits seit 1989 zuerst für die Jugendmannschaft und ab 1998 als Profi immer für einen Club und zwar für

a) Tottenham Hotspur.

b) FC Liverpool.

c) Manchester City.

343

Ein deutscher Spitzenverein hat gleich beim Stadion
auf dem nahe gelegenen Friedhof ein eigenes Feld
reserviert, für Beerdigungen der treuesten Fans des

a) 1. FC Köln.

b) Hamburger SV.

c) FC Bayern München.

344

Weil die griechische Stadt Sparta in der Antike für
ihre besonders zähen Kämpfer berühmt war, nennen
sich noch heute Fußballvereine nach ihr. Welchen
Verein gibt es nicht im europäischen Spitzenfußball?

a) Sparta Prag

b) Sparta Athen

c) Sparta Rotterdam

345

Im Kader der deutschen Mannschaft beim Gewinn
der U21-EM in Schweden 2009 standen Jérôme
Boateng, Änis Ben-Hatira, Ashkan Dejagah und
Chinedu Ede. Alle vier Spieler kamen von

a) Borussia Dortmund.

b) Schalke 04.

c) Hertha BSC Berlin.

346

Welche Mannschaft spielte in der Saison 2008/09 erstmals in der 1. Bundesliga?

a) FC Energie Cottbus

b) 1899 Hoffenheim

c) 1. FC Kaiserslautern

347

Welche Mannschaft war 1999, 2000 und 2001 dreimal hintereinander Deutscher Meister?

a) Bayern München

b) Borussia Dortmund

c) Werder Bremen

348

Welcher Bundesligaverein ist seit Gründung der Ersten Bundesliga 1963 noch nie abgestiegen?

a) Hamburger SV

b) VfB Stuttgart

c) Hannover 96

349

War der TSV 1860 München schon einmal Deutscher Meister?

a) Ja.

b) Ja, aber lange nach der ersten Meisterschaft des FC Bayern München.

c) Nein, noch nie.

350

Welche Mannschaft trägt den Beinamen die „Roten Teufel"?

   a) VfB Stuttgart

   b) FSV Mainz 05

   c) 1. FC Kaiserslautern

351

2005 gewann der FC Bayern München

   a) die Meisterschaft und den Pokal.

   b) nur die Meisterschaft.

   c) nur den Pokal.

352

Lucien Favre, ab 2007 Trainer von Hertha BSC Berlin, ist

   a) Franzose.

   b) Schweizer.

   c) Österreicher.

Kurioses

353

Die Holländischen Fußballfans sind bei jeder WM oder EM sofort zu erkennen, weil sie von Kopf bis Fuß orange gekleidet sind. Orange ist in den Niederlanden nicht nur die Hausfarbe der Fußballfans, sondern auch der Königsfamilie. Diese Familie heißt

a) die Orangen.

b) die Orang-Utans.

c) die Oranier.

354

Wie viele Menschen braucht man erfahrungsgemäß, um eine „La-Ola-Welle" im voll besetzten Stadion auszulösen?

a) 250 bis 300

b) 25 bis 30

c) 2500 bis 3000

355

In den Verfilmungen der „Wilden Fußballkerle" spielten die Söhne von Uwe Ochsenknecht mit. Wie heißen sie mit Vornamen?

a) Johnny Red und Bronson Jamirez

b) Charly Green und Gibson Valdez

c) Jimi Blue und Wilson Gonzalez

356

Uli Hoeneß war beruflich nicht nur als Manager von Bayern München aktiv, sondern auch noch als Hersteller von

   a) Würstchen.

   b) Schokoriegel.

   c) Bio-Limonade.

357

Englische Mannschaften waren früher für eine Spielweise berühmt, bei der der Ball blind nach vorne gedroschen und dem Ball hinterhergerannt wurde. Diese Spielweise nannte man

   a) kick and rush.

   b) wash and wear.

   c) rock and roll.

358

Bei ihrem Abenteuer in „Asterix bei den Briten" erleben Asterix und Obelix auch ein typisch britisches Rugbyspiel. Die recht derben Regeln erklärt den beiden ihr britischer Freund mit dem Namen

   a) Kafeefax.

   b) Kakaofax.

   c) Teefax.

359

Manchmal tragen alle Spieler einer Mannschaft eine schwarze Armbinde. Was bedeutet das?

  a) Die Mannschaft konnte sich auf keinen
     Kapitän einigen und darum tragen alle eine
     Kapitänsbinde.

  b) Die schwarzen Binden sind Warnzeichen
     für eine besonders unfair und brutal
     spielende Mannschaft.

  c) Die Mannschaft zeigt ihr Mitgefühl mit
     einem besonders traurigen Ereignis durch
     das Tragen von Trauerbinden.

360

In welchem Land wird regelmäßig Elefantenfußball gespielt?

  a) In Südafrika.

  b) In Thailand.

  c) In Norwegen.

361

Es gibt merkwürdige Menschen, die sich einen Spaß daraus machen, während eines Fußballspiels nackt übers Spielfeld zu rennen, bis sie von den Ordnern eingefangen und abgeführt werden. Man nennt diese

  a) Flitzer oder Blitzer.

  b) Fetzer oder Furzer.

  c) Fazkes oder Piefkes.

362

Was ist das Besondere an der brasilianischen Liga?

  a) Meister ist, wer exakt am 24. Dezember jeden
     Jahres an der Tabellenspitze steht.

  b) Die Liga ist zweigeteilt. Jede Liga hat einen
     ersten Rang. Der Meister wird zwischen diesen
     beiden ausgespielt.

  c) Meister kann nur werden, wer auch eine
     erstklassige Sambatruppe vorweisen kann.

363

**Japanischer Fußball ist durch eine Manga-Zeichen-
trickserie mit dem Titel „Die tollen Fußballstars" bei
uns sehr bekannt geworden. Wie heißt der junge
Fußballstar in dieser Serie?**

  a) Colonell Zanpasta

  b) Captain Tsubasa

  c) Commander Trompeta

364

**Welcher Schlagersänger spielte in seiner Jugend
als Torwart für die Juniorenmannschaft von
Real Madrid?**

  a) Howard Carpendale

  b) Julio Iglesias

  c) Roberto Blanco

365

Immer mehr Fußballstadien, in Deutschland zum Beispiel das Olympiastadion in Berlin, das neue Fußballstadion in Frankfurt und die Arena auf Schalke, haben heutzutage

a) eine eigene Stadionkapelle, in der man kirchlich heiraten und seine Kinder taufen lassen kann.

b) ein eigenes Spielkasino, in dem man bis zu einer Million Euro auf das laufende Spiel setzen kann.

c) eine eigene Opernbühne, auf der gleichzeitig zum Spiel der Spielverlauf mit Orchestermusik nachgespielt wird.

366

Die Münchner Allianz-Arena kann von außen beleuchtet werden und zwar in zwei Farben. In welchen?

a) Rot und Grün

b) Blau und Rot

c) Blau und Grün

367

Wie nennt man eine von der Seite aufs Tor geschlagene Flanke mit überraschend gekrümmter Flugbahn?

a) Gurkenflanke

b) Spaghettiflanke

c) Bananenflanke

Bei der WM 1978 in Argentinien wurde Deutschland
in Córdoba von Österreich 2:3 geschlagen. Die
österreichische Fernsehreportage dieses Spiels ist
legendär. Der Reporter war

a) Emil Knie.

b) Edi Finger.

c) Erich Daum.

369

Immer wieder entzünden Zuschauer, vor allem in südamerikanischen Fußballstadien, seltsame rote, qualmende Feuer, die das ganze Spielfeld vernebeln. Diese Feuer werden nach einer indischen Region benannt und heißen

a) bongolisches Feuer nach der Region Bongolo.

b) bengalisches Feuer nach der Region Bengalen.

c) bungilisches Feuer nach der Region Bungilien.

370

Nach welchem System sind die Figuren in einem Kicker, einem Tischfußballkasten, aufgestellt? Also wie viele Figuren hängen an der Verteidigerstange, wie viele an der Mittelstange und wie viele bilden den Sturm?

a) 5 – 3 – 2

b) 4 – 4 – 2

c) 2 – 5 – 3

371

Bei wie vielen Treffern liegt der Rekord im Torwandschießen des ZDF-Sportstudios?

a) 6

b) 5

c) 4

372

Wie heißt der Anführer der „Wilden Fußballkerle" in den gleichnamigen Büchern?

a) Tiger
b) Cat
c) Leon

373

Darf im Handball der Ball mit dem Fuß berührt werden?

a) Ja, aber nur wenn der Ball unabsichtlich den Fuß trifft.
b) Ja, man darf mit dem Fuß den Ball annehmen, muss dann aber mit der Hand weiterspielen.
c) Nein, der Ball darf Unterschenkel und Fuß nicht berühren.

374

Das Maskottchen der Fußball-Weltmeisterschaft
2006 in Deutschland war ein Löwe mit Trikot, aber
ohne Hose. Es trug den seltsamen Namen

a) Leo Leonidas.
b) Goofy der Dritte.
c) Goleo VI.

375

Um auch im Winter ohne Schnee spielen zu können,
wird der Rasen in modernen Stadien

a) mit Warmluftgebläse aufgewärmt.
b) mit heißem Wasser gespritzt.
c) mit einer Rasenheizung beheizt.

376

Das Fußballstadion des FC Schalke 04 hat ein komplett geschlossenes Dach. Damit der Rasen sich zwischen den Spielen erholen kann,

  a) wird das Spielfeld auf einer riesigen
     fahrbaren Unterlage aus dem Stadion
     ins Freie herausgefahren.
  b) wird für jedes Spiel ein neuer Rasen verlegt
     und der alte Rasen zur Erholung in die
     Lüneburger Heide transportiert.
  c) wird nach jedem Spiel der Rasen von
     400 Rasenpflegern mit dem Kamm frisiert und
     mit Mineralwasser begossen.

377

Die berühmten Klebebildchen mit den Fotos aller Spieler zum Sammeln und Tauschen gehören zu jeder Fußball-WM und heißen

  a) Barbi-Ballerbildchen.
  b) Bambini-Sammelsurium.
  c) Panini-Sammelbildchen.

378

Wie viel Liter passen in den DFB-Pokal?

  a) 4 Liter
  b) 8 Liter
  c) 24 Liter

379

Welcher deutsche Bundeskanzler hatte in seiner Jugend als Fußballspieler den Spitznamen „Acker"?

a) Helmut Kohl

b) Gerhard Schröder

c) Helmut Schmidt

380

Die kleinen weißen Pilze heißen Champignons und die Mannschaften in der Champions League heißen so ähnlich. Woran liegt das?

a) Die Pilze heißen so, weil ihre weißen Hüte aussehen wie Fußbälle.

b) Beides kommt vom französischen Wort „champs" für Feld. Auf dem Feld wachsen die Pilze und die Vereine sind die besten auf dem Fußballfeld.

c) Die Liga heißt so, weil ursprünglich auf einer Pilzplantage gespielt wurde.

381

Eine besonders spektakuläre und gefährliche Form des Torjubels, früher häufig von Miroslav Klose gezeigt, ist ein freier Überschlag um die Breitenachse des Körpers, besser bekannt unter dem Namen

a) Peppo.

b) Balzo.

c) Salto.

382

Welcher ehemalige Bundesligaspieler ist auch als Musikexperte unterwegs, gibt CDs mit von ihm zusammengestellten Songs heraus, hat eine eigene Radio-Musiksendung und ging mit den Sportfreunden Stiller auf Tournee?

a) Oliver Kahn
b) Mehmet Scholl
c) Olaf Thon

383

Viertelfinale der WM 2006 – Deutschland gegen Argentinien. Das Spiel wird im Elfmeterschießen entschieden. Jens Lehmann steht im deutschen Tor und pariert zwei Elfmeter. Deutschland gewinnt 5:3. Welches Hilfsmittel steckte in Lehmanns rechtem Stutzen?

a) Eine Tube Spezialkleber für die Innenflächen der Torwarthandschuhe.
b) Ein Spickzettel mit den bevorzugten Torecken der argentinischen Elfmeterschützen.
c) Eine Packung Beruhigungspillen für die nötige Ruhe beim Elfmeterschießen.

384

Welcher spätere Papst hatte als Torhüter den Spitznamen „Lolek"?

   a) Benedikt XVI

   b) Leo X

   c) Johannes Paul II

385

Beim Jubel über eine gewonnene Fußball-WM
stemmen die Spieler den Pokal gerne in die Luft und
lassen sich feiern. Ganz leicht ist das Hochstemmen
des FIFA-WM-Pokals allerdings nicht, er wiegt
nämlich

   a) 5,350 Kilo.

   b) 6,175 Kilo.

   c) 9,670 Kilo.

386

Das Stadion des portugiesischen Vereins Sporting
Braga ist sehr ungewöhnlich. Es hat

   a) ein quadratisches Spielfeld.

   b) Tore mit verschließbaren Eichenholzflügeln.

   c) hinter dem Tor statt einer Tribüne nur
      eine Felswand.

387

„Gazzetta dello Sport" heißt die bekannteste Fuß-
ballzeitung Italiens. Wodurch unterscheidet sich
diese Zeitung von gewöhnlichen Zeitungen?

a) Sie ist doppelt so groß wie eine Tageszeitung.

b) Man kann die Zeitung nicht kaufen,
sondern nur am Kiosk ausleihen.

c) Sie wird nicht auf weißem, sondern auf
rosa Papier gedruckt.

388

Auch Mannschaftsärzte können berühmt werden.
Zum Beispiel der Mannschaftsarzt von Bayern
München. Wie heißt er?

a) Karl-Theodor Müller-Lüdenscheid

b) Hans-Wilhelm Müller-Wohlfahrt

c) Fritz-Eberhard Müller-Papenberg

389

Bayernstürmer Luca Toni hat eine ganz besondere
Form des Torjubels. Immer wenn er getroffen hat,
macht er mit der rechten Hand eine Bewegung, als
würde er sich

a) die Augen reiben.

b) ein Ohr abschrauben.

c) die Nase putzen.

390

Welcher berühmte Trainer hat den inzwischen legendären Satz geäußert: „Der Ball ist rund."

   a) Sepp Herberger

   b) Jürgen Klinsmann

   c) Jogi Löw

391

Kevin Kurányi trägt sein Erkennungszeichen im Gesicht,

   a) einen großen Diamanten im linken Nasenflügel.

   b) einen exakt in dünnen Linien rasierten Bart.

   c) ein Tattoo auf der rechten Wange.

392

Sebastian Schweinsteiger liebt ausgefallene Frisuren, am meisten den

   a) Irokesenschnitt.

   b) Pferdeschwanz.

   c) Afrolook.

393

Felix Magath trinkt bei den Pressekonferenzen in der Regel ein Glas

   a) Weißbier.

   b) grünen Tee.

   c) Milch.

394

Wenn ein Trainer glaubt, eine bestimmte Krawatte oder ein Pullover bringe ihm Glück, oder wenn Spieler sich nicht rasieren, bis sie die Meisterschaft gewonnen haben, nennt man dieses Verhalten

a) Oderglaube.

b) Aberglaube.

c) Überglaube.

395

Das Maskottchen für die Weltmeisterschaft 2010 in Südafrika heißt Zakumi. Es ist eine Comicfigur mit Punkten auf dem Fell und soll ein typisch südafrikanisches Tier darstellen,

a) eine Giraffe.

b) eine Gazelle.

c) einen Leoparden.

396

Franck Ribéry ist nicht gerade berühmt für ein besonders modisches Outfit. Nur auf dem Platz wechselt er immer wieder und in alle möglichen und unmöglichen Farben

a) sein Stirnband.

b) seine Fußballschuhe.

c) seine Schnürsenkel.

397

Zur WM 2006 sang er den Mannschaftssong „Schwarz & Weiß" und 2009 moderierte er eine Fußball-Casting-Show im Fernsehen. Von Fußball hat er wirklich Ahnung:

   a) Atze Schröder.

   b) Mario Barth.

   c) Oliver Pocher.

398

Aus Südafrika, dem Gastgeberland der Weltmeisterschaft 2010, kommt eine neue Mode für die Fans in die Fußballstadien: das Anfeuern der Mannschaften durch lautstarkes Blasen in Plastiktröten. Diese „Musikinstrumente" heißen

   a) Vuvuzelas.

   b) Zuzulelas.

   c) Lulukelas.

399

Wer treibt im Tabellenkeller sein Unwesen?

   a) Das Abstiegsgespenst.

   b) Das Verlierermonster.

   c) Der Looser-Zombie.

400

Die Umkleideräume, Duschen und Aufenthaltsräume
sind in den Stadien meist tief unter der Tribüne
versteckt. Man nennt diese Räume darum gerne die
„Katakomben". Was sind Katakomben wirklich?

  a) Tropfsteinhohlen
  b) Lagerhallen für Bomben
  c) Unterirdische Gräber im alten Rom

Lösungen

1 a	29 c
2 a	30 a
3 b	31 b
4 a	32 a
5 b	33 b
6 a	34 b
7 c	35 b
8 b	36 c
9 b	37 c
10 a	38 a
11 b	39 a
12 c	40 a
13 b	41 a
14 b	42 b
15 a	43 b
16 c	44 b
17 a	45 a
18 c	46 a
19 b	47 c
20 b	48 b
21 c	49 a
22 c	50 c
23 b	51 c
24 c	52 c
25 b	53 b
26 b	54 c
27 c	55 a
28 c	56 b

57 c	85 b
58 c	86 b
59 b	87 a
60 c	88 c
61 a	89 c
62 b	90 a
63 b	91 b
64 c	92 b
65 b	93 b
66 c	94 a
67 c	95 b
68 c	96 c
69 a	97 c
70 a	98 b
71 a	99 c
72 c	100 a
73 c	101 b
74 c	102 b
75 a	103 c
76 c	104 a
77 c	105 b
78 c	106 b
79 b	107 b
80 c	108 b
81 b	109 b
82 c	110 b
83 b	111 c
84 b	112 a

113 c
114 a
115 b
116 a
117 b
118 b
119 c
120 b
121 b
122 c
123 a
124 b
125 b
126 c
127 c
128 c
129 b
130 b
131 c
132 c
133 b
134 b
135 a
136 c
137 b
138 a
139 a
140 a

141 b
142 c
143 c
144 b
145 c
146 a
147 b
148 b
149 a
150 a
151 a
152 b
153 c
154 c
155 a
156 a

157 b	185 c
158 a	186 b
159 c	187 b
160 c	188 c
161 b	189 a
162 c	190 b
163 a	191 c
164 a	192 b
165 c	193 c
166 a	194 b
167 b	195 c
168 b	196 a
169 b	197 a
170 b	198 b
171 a	199 c
172 c	200 b
173 a	201 b
174 a	202 c
175 b	203 a
176 b	204 a
177 b	205 c
178 a	206 b
179 b	207 c
180 a	208 c
181 c	209 c
182 b	210 c
183 a	211 a
184 b	212 b

213 a	241 a
214 b	242 a
215 a	243 c
216 c	244 b
217 c	245 c
218 c	246 a
219 b	247 b
220 c	248 b
221 c	249 b
222 c	250 b
223 c	251 c
224 a	252 a
225 b	253 c
226 c	254 c
227 b	255 a
228 a	256 a
229 a	257 a
230 c	258 a
231 c	259 a
232 b	260 b
233 a	261 b
234 b	262 a
235 c	263 a
236 c	264 b
237 a	265 a
238 c	266 b
239 b	267 b
240 c	268 b

269 b	285 b
270 c	286 a
271 b	287 b
272 c	288 c
273 c	289 a
274 a	290 c
275 c	291 a
276 c	292 a
277 c	293 c
278 b	294 b
279 b	295 c
280 c	296 c
281 a	297 b
282 b	298 b
283 b	299 b
284 b	300 a

301 b	317 b
302 a	318 a
303 c	319 b
304 b	320 b
305 b	321 b
306 b	322 c
307 b	323 c
308 b	324 c
309 a	325 b
310 b	326 c
311 c	327 a
312 a	328 b
313 c	329 b
314 c	330 b
315 a	331 c
316 a	332 a

333 b	361 a
334 c	362 b
335 a	363 b
336 c	364 b
337 b	365 a
338 a	366 b
339 a	367 c
340 b	368 b
341 c	369 b
342 b	370 c
343 b	371 b
344 b	372 c
345 c	373 c
346 b	374 c
347 a	375 c
348 a	376 a
349 a	377 c
350 c	378 b
351 a	379 b
352 b	380 b
353 c	381 c
354 b	382 b
355 c	383 b
356 a	384 c
357 a	385 b
358 c	386 c
359 c	387 c
360 b	388 b

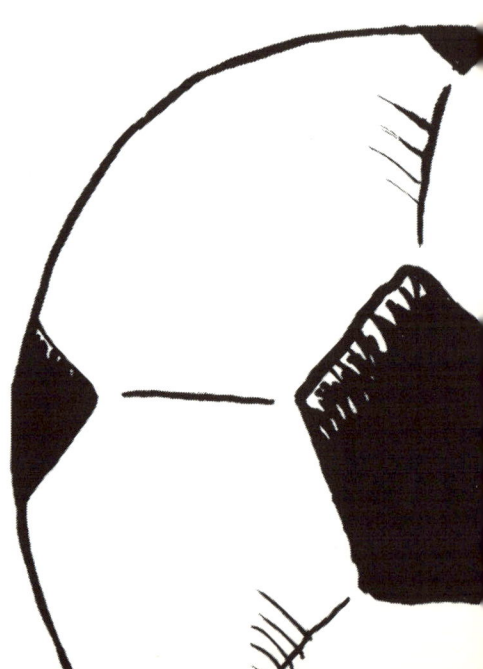